教育評論家
親野智可等

1回で子どもが変わる魔法の言葉

もう叱らなくていい！

青春出版社

はじめに　「言葉」を変えれば親も子どももラクになる！

「早くしなさい！」
「片づけなきゃダメでしょ！」
「何回言ったらわかるの！」

子育て中の親御さんなら、いつも口にしているこれらの言葉…。我が子のためを思って言っているのですが、子どもはちっとも変わりません。前に叱ったことをまた繰り返すから、ついついきつく叱ってしまいます。そうしているうちに、今度は叱っている自分にイライラしてきてしまいます――。

ずっと小学校の教師を務めてきた経験から、このような親御さんの気持ちは本当によくわかります。私自身、「何度も同じことを言わなくても、子どもが自分から動いてくれる方法はないものか？」と頭を悩ませ、さまざまな試行錯誤を重ねてきました。

そしてついに発見したのです！「1回で子どもが変わる魔法の言葉」を。そして、そのポイントを。

ポイントは、「どんどん仕度してほしい」「勉強してほしい」「忘れ物をしないでほしい」

といった親の願いをストレートに言うのではなく、ほんの少し伝え方を工夫することにあります。

考え方のベースにあるのは、子どもを一人の人間として尊重することです。そして、子どもをとがめずに伝えることです。この二つに気をつければ、子どもは驚くほど変わっていきます。

ほとんどの親御さんは、子育てには叱ることがつきものだと思っています。でも、叱らなくても、いや、むしろ叱らないほうが子どもは伸びます。「叱りなし」で子どもを伸ばすことが、この本で紹介する「魔法の言葉」でできるようになります。

この本では、まず、子どもにかける言葉の基本的なポイントについてお話しします。その上で、日常生活のさまざまな場面で使える言葉がけの具体例を紹介します。

どれもこれも親御さんたちが日々悩んでいることばかりです。できることから、どんどん取り入れていっていただければと思います。

叱ることのイライラから解放された親御さんが、子育てをもっと楽しみ、そしてお子さんが伸びやかにぐんぐん成長していくことを心からお祈りしております。

親野智可等

もう叱らなくていい！　1回で子どもが変わる魔法の言葉　目次

第1章　いつもの「ひとこと」を変えるだけ！ やる気を引き出す〈親野流〉子育ての基本原則

目　次

第2章　しつけ、勉強、生活習慣…
〈場面別〉1回で子どもが変わる魔法の言葉

第3章　子どもの心が離れていく！ やってはいけない「叱り方」

第4章 「認める」ことからはじめよう 親も子どもも幸せになるヒント

カバー・本文イラスト　植木美江
本文ＤＴＰ　センターメディア

第1章

いつもの「ひとこと」を変えるだけ！

やる気を引き出す〈親野流〉子育ての基本原則

「叱る」よりも効果的な伝え方があります

子どもの多くは**「勉強すると叱られる」**と思っています。

こう言うとみなさん驚かれるのですが、本当のことです。「勉強しないと叱られる」ではありません。「勉強すると叱られる」のです。

というのも、子どもが勉強したものを見て、ほとんどの親は叱ってしまうからです。「もっと丁寧に書けないの」「こんなに間違いがあるじゃない、何をやってるの」というようにです。ですから、勉強してもしなくても叱られるのです。これではやる気がなくなるのも当然でしょう。

でも、まさか自分の言葉のせいで子どもがやる気をなくしているとは、ほとんどの親は気がついていません。すべて子どもが悪いと思っています。

わかりやすい例をご紹介しましょう。

あるとき、テレビ番組を見ていたら、親子料理教室の様子が映し出されていました。それは、いろいろな親子が集まって、一緒にシチューを作るイベントでした。

あるお母さんがひたすら叱り続けていました。「ほらほら、もっと集中して混ぜなきゃダメでしょ」「こぼれてるじゃない。なんであんたはこぼすのよ。もっと集中してやらなきゃダメでしょ」「なんで、シチューの上のほうばかり混ぜるの。下も混ぜなきゃダメでしょ」などと、ことごとく否定的な言い方で叱っていたのです。

それで、子どもはやる気がなくなって、ブスッとした顔で混ぜています。それを見て、お母さんはまた腹が立ったようで、「あんた、やる気がないの。やる気がないなら、やめなさい！」と言いました。私はそれを見ながら、「やる気がなくなったのは、あなたのせいですよ」と画面に向かって独り言を言いました。

その子だって、はじめはやる気満々だったはずです。楽しい気持ちで会場に来たのでしょう。ところが、否定的に叱られ続けたものだから、やる気がなくなってしまったのです。でも、そのお母さんは自分の言葉で子どもがやる気がなくなったとは思っていないようで、「この子、いつもやる気がなくて…」と言っていました。

次にもう一組、別の親子が映りました。テレビ局はあえて正反対の親子を選んで編集したのかもしれません。そのお母さんは、**「上手に混ぜられるね」「こぼさずによくできるね」**と子どもをほめていました。子どももうれしそうに、「うん」と返事をして、やる気満々です。

親の言葉は実に影響が大きいものだと改めて思いました。二人とも最初は同じくらいのやる気だったと思うのですが、これほど差が出てしまったのです。

私は、よく講演でこの話をするのですが、会場の親たちは、「もっともだ」というようにうなずきながら聞いてくれます。「でも、みなさんも同じことをやっているんですよ」と言うと不思議そうな顔をします。

講演のときによくある質問の一つに、「うちの子はやる気がなくて困っています。とくに勉強にやる気がないんです」というものがあります。でも、冒頭でも述べたように、勉強にやる気が出ないのも、実は親の言葉のせいなのです。

親が「勉強しなさい」と言わなくても、勉強が好きでよくやる子は少ないながらもいます。そういう家庭では、親が「勉強しなきゃダメでしょ」とは決して言いません。それまでに親が子どもの知的好奇心を養っていますし、勉強が好きになる環境もできているので、言われなくても子どもはやるのです。

本書では、まずみなさんにそのことに気づいていただき、さらに子どものやる気を引き出したり子どもの力を伸ばしたりする言葉について提案していきます。また、子育てや家庭教育でうまくいっていないことがらについて、その解決の方法を具体的に提案していきます。

それによって、叱らなくてもすむようになります。そして、叱らないほうが子どもは伸びるのです。

「とがめない」からこそ子どもの心が開く！

まずは、親が子どもに対するときに一番大切な原則についてお話しします。この原則をひとことで言えば、**「とがめない」**ということです。つまり、子どもをとがめずに言いたいことを伝えることが大切なのです。これが本書でお話しすることのすべてに共通の根本的な原則です。

子どもをとがめる言葉はいますぐやめてください。言い換えると、非難したり否定したりする要素の入った言葉を使わないということです。そして、その反対に、子どものやる気を引き出す言葉をかけていきましょう。

さらに、言葉を変えることに加えて、子どもが自分で動けるような具体的かつ合理的な方法を工夫していくことも大切です。この二つがセットになることで大きな力を発揮します。

それでは、具体的にどうすればいいか見ていきましょう。

ポイント1　先にほめる。部分をほめる

まず、第一のポイントは、何かを伝えるときには「先にほめる」ということです。ほめてから伝えるという順番が大事です。

夫婦の間にしても、ダンナさんが「味噌汁に大根が入ってないじゃないか」といきなり言えば、奥さんはイヤな気持ちがします。でも、「いつもありがとう。今日の味噌汁もおいしいね」というような言葉が先にあって、その後で「今度は大根も入れてみて」と言えば、奥さんも素直に受け入れられるでしょう。

職場でも、上司に「なんだ、この企画書は。段取りができてないぞ」と言われるより、「いいアイデアだね。これは面白い。あとは段取りをもう少し詰めるだけだな」と言われたほうがやる気になります。

でも、ほとんどの親は子どもに対してこういう気持ちのいい言い方ができません。子どもの宿題を見ながら、「ダメだよ、ここも間違ってる。もっとよく考えなきゃダメじゃない。さあ、やり直して」と、とがめる言葉からはじめてしまいます。すると、子どもも素直になれないので、「やだ。もう疲れた」となってしまいます。

そうではなくて、まず、宿題をやったことをほめてあげてください。親は、子どもが宿題をやるのが当たり前と思っているからほめられないのです。でも、子どもの立場に立ってみてください。学校で五～六時間も授業を受けて、それなりに集中して、緊張しながら過ごしてきたのです。疲れて家に帰り、のんびりしたいところをがんばって宿題をやったのです。ですから、**「がんばったね、疲れたでしょ」**とほめてあげましょう。

さらに、宿題を見てあげて、その中でほめられる部分を見つけてほめましょう。漠然と全体を見ているとほめられませんが、部分に注目すれば必ずほめられるところを見つけられます。書き取り帳なら**「この字は上手に書けてるね」**、算数なら**「ここは合ってる。ここも合ってる。この式、よく書けたね」**、作文なら**「会話の表現が面白いな」**など、ほめられる部分を見つけてほめてください。

子どもは、ほめられると心がオープンになり、素直になります。素直になったところで、

「それじゃ、間違ったところだけ直そう」と言えば、やる気になってくれます。先にほめるという手法だけでもマスターしたら、子どもへの対応はずいぶん変わります。

あるとき私が新幹線の駅ビルで見かけたお母さんは、先にほめることの効用がよくわかっていると思いました。

駅ビルの書店の前を通りかかった子どもが、「本、見たーい。買いたーい」と言いはじめたとき、普通のお母さんなら「何、言ってるの。いま急いでいるのがわからないの。わがまま言って！」となるでしょうが、そのお母さんは**「あなたは本好きだもんね」**と子どもをほめました。歩きながら**「本好きだから、本をたくさん読んで、言葉もたくさん覚えたもんね」**とほめているのです。その後で、**「でも、いまは無理だからごめんね、この次にしようね」**と言うと、子どもはほめられてうれしいので、ごねるのをやめて素直に歩いて行きました。うまいですね。子どもの気持ちをよくわかっています。

こういうとき、親が子どもを一方的に叱りつけ、それによって子どもがよけいに逆上してしまうことがよくあります。子どもがすごい声で泣いて、お母さんもますます感情的になり、さらに叱りつけてしまうという悪循環です。このお母さんは、きっと日頃から先にほめることを心がけているのでしょう。ですから、こういうとっさの場でも応用できたのです。

ほめる内容を見つけるコツは、先ほども書いたように、部分に注目することです。子どもが描いた絵を漠然と見てもほめられないかもしれません。でも、部分に注目すれば、**「この草の緑がきれいだね」「この犬、すごく生き生きしていてかわいいね。よく描けてるね」**とほめることができます。

ポイント2　「がんばれ」より「がんばってるね」

大人は子どもによく「がんばれ」と言います。もちろん、子ども自身がやる気満々で「さあ、がんばるぞ」と思っているときには、この言葉は励みになります。

でも、子どもによっては、あるいは同じ子どもでも時と場合によっては、「がんばれ」を「いまはまだがんばっていない」という意味に取ってしまうこともあります。

「がんばれ」にはそういうリスクがあります。そこでおすすめしたいのが、**「がんばってるね」**という言葉です。実際、子どもはけっこうがんばっています。サボっている子などいないのです。

読者のみなさんもがんばっているでしょう。家庭人として仕事人として社会人として。一生懸命がんばっているのです。決してサボってなどいません。そのときに「もっとがんばれ」と言われると、「充分やってるよ」と思うでしょう。子どもも同じで、どの子もその子なりにがんばっているのです。ですから、「がんばってるね」といろいろな場面で声をかけてほしいと思います。すると、子どもはうれしくて気持ちが満たされ、さらにがんばりたいという気持ちにもなれるというものです。

つまり、「ありのままを認める」ということです。「ありのままのあなたで充分がんばってるね」と受け入れてあげるのです。「こんなことを言ってしまうと、もうがんばらなくなるのではないか」と勘違いする人もいますが、決してそうではありません。人間は、「がんばってるね」と言われると、いまの自分を肯定できるようになります。すると、「もっとできるはずだ。もっとがんばってみたい」というエネルギーが自然にわいてくるものなのです。

もともと、人間の中には「もっと伸びたい」という向上心とエネルギーがあります。でも、いろいろなブロックによってそのエネルギーが流れにくくなっているのです。そのブロックとは、「自分はダメなんじゃないか」「自分には能力がないんじゃないか」という自己否定の気持ちなのです。「ありのままのあなたでいいよ」という言葉が、そうしたブロックを取り除いてくれます。「がんばってるね」という温かい言葉で、ブロックを溶かしてあげることが大切なのです。

子どもへの言葉について考えるとき、大人である自分自身の経験を振り返ることで、わかってくることがたくさんあります。みなさんだって、「もっとがんばれよ」と言われるより、「がんばってるね。本当によくやってるね」と言われたほうがうれしいし、やる気が出るはずです。「がんばってるね」と言われたからもうこれ以上がんばらなくてもいいんだ、とはならないでしょう。人間の気持ちと言葉の間にはこのような逆説的な関係がたくさんあります。人間の気持ちというものは、表面的な理屈通りにはいかないものなのです。

たとえ、現状維持であっても「がんばってるね」ととりあえずほめましょう。少し気をつけてほしいのは、「先にほめる」と「とりあえずほめる」は違うということです。前者は順番の問題ですが、後者は現状維持でもいいから、事実でなくてもいいから、うそでもいいから「とりあえずほめる」ということです。

とくに字がうまくなっていなくても、**「字がうまくなってきたね」**ととりあえずほめましょう。片づけがうまくなっていなくても**「片づけがうまくなってきたね」**ととりあえずほめ、それほど優しくなくても**「優しいお兄ちゃんだね」**ととりあえずほめましょう。ほめられる事実がなくても、目立った変化がなくてもとりあえずほめることが大切です。

小学一、二年生くらいまでなら、「そうなんだ」と感じてその気になります。三、四年生になると、「え、そうかな?」と少し疑いますが、繰り返し言っているうちに「そうかもしれない」と思うようになります。五年以上では、さすがに「やらせたいから言っているんでしょ」と親の下心がバレてしまいますが、バレてもいいのです。

たとえバレバレでも、こうしてほしいんだというメッセージは伝わります。これが大事です。すると、子どもも「仕方ない、やってやるか」という気持ちになるものです。なぜなら、とがめられていないからです。これが、「弟にもっと優しくしなきゃダメでしょ。あなたお兄ちゃんでしょ」ととがめる言い方だったら、そんな気持ちにはなれません。

親も会社の上司も、子どもや部下が「自分の望むことをできるようになったら、ほめよう」と思っています。つまり、「できたら、ほめる」ということです。でも、これでは永久にほめられません。これも逆です。ほめるからできるようになるのです。つまり、「ほめたら、できる」が真実なのです。

もちろん、とりあえずほめると言っても、やり過ぎはいけません。下手に言い過ぎると、嫌みになる場合もあります。嫌みはとがめているのと同じですから。

ポイント3 第三者、さらにチームでほめると効果アップ

ほめ方で効果的な工夫が「第三者にほめてもらう」ことです。親だけでほめるのではなく、学校の先生や塾の先生など第三者にほめてもらうのです。

例えば、家でピアノの練習を一生懸命やって左手の使い方が上達したとします。そのときは、お母さんがほめるだけでなく、ピアノの先生にも「今日は左手を一生懸命練習して、うまくなりました。先生からも、ぜひほめてあげてください。先生にほめられたら大喜び間違いなしです」とお願いするのです。もちろん、ほめるように頼まれたことは内緒にしてもらいます。

家で母親にほめられ、教室で先生にほめられたら、もう子どもは大喜びです。自信を持つことができ、ますます練習に力が入るようになります。

これは家と第三者の二箇所でほめてもらうやり方ですが、三箇所以上の「チームでほめ

る」とさらに効果があります。

私自身の体験ですが、現役教師のとき、あるお母さんから「うちで、ノートの使い方がうまくなったとほめていただけるとうれしいです」と頼まれました。それで、私もほめました。先生からも、ときどきほめていただけるとうれしいです。もちろん親に頼まれたとは言わずにです。

「番号を縦横きちんとそろえて書けたね」「隙間を上手に使ってるね」「小見出しがしっかり書けてるね」ということあるごとにほめました。その子はすごくうれしそうでした。

このお母さんは、なんと、塾の先生にも同じようなお願いをしていました。つまり、家でも学校でも塾でも同じことをほめられたのです。もう、子どもは疑いようがありません。ノートの使い方に自信を持つようになって、勉強もさらにがんばり出しました。

私は、このお母さんの他にも「チームでほめる」を実践していたお母さんを二人知っています。三人とも別々の学校ですが、子どものことを考えた結果同じ方法にたどり着いたのですね。

以前、テレビで一つの実験をしていました。何の病気もない元気な人を、会社の同僚がぐるになってだまそうという企画です。その人が出社すると、まず受付で「○○さん、今

日はちょっと顔色が悪いですね」と言われました。最初は笑って「そんなことない、元気だよ」と返すのですが、仕事場に入って仕事をはじめると隣の同僚が「お前ちょっと、顔色悪いよ。病気？　カゼ？」と聞きました。それで、ちょっと顔を曇らせて「そんなことないよ」と言ったのですが、さらにトイレで手を洗っているときに別の同僚から「お前、今日、顔色悪いよ。病気じゃないのか？　内臓かどこか悪い？」と言われました。このように三人に同じことを言われて、その人は心配そうに鏡をのぞき込みました。ついには上司のところに行って、「ちょっと今日はすいません。調子が悪いので病院に行ってきます」と言いました。

大人でも三人に言われるとその気になってしまうのです。ましてや子どもに対してチームでほめるなら、その効果は絶大です。おじいちゃんやおばあちゃんも含めた家族でもいいですが、他人が入ればさらに効果的でしょう。

これはその気になればすぐにできることですが、実際にやっている親は少ないです。ぜひ一度試してみてください。

実際には、逆のことをやっている親や先生が多いのです。例えば、先生から「おたくのお子さんは落ち着きがなくて、授業中もしゃべることが多いので注意してください」「忘れ物が多くてだらしがないので、お母さんからもひとこと言っておいてください」などという電話がかかってきたら、家に帰ってからも「忘れ物が多くてだらしないって先生が言ってたよ。ダメじゃないの、しっかりしなさい」と叱られます。これで、塾の先生にも同じことを言われたら、「オレはだらしがないんだ」と信じ込んでしまいます。

また、スポーツ少年団の監督にわざわざ連絡して、「うちの子はだらしがないから、遠慮なく叱ってやってください」と伝えるお父さんもいます。このように、家庭、学校、地域の連携ということで、「叱る連携」をしているケースが多いのです。

困ったことに学校がそれをプロデュースしていることもあります。「この子の悪いところは学校でも叱りますが、児童クラブや家庭でも共同して対応しましょう。みんなで同じことを叱りましょう」と、叱る連携を作っているところもあります。つまり、チームで叱っているのです。これでは子どもはたまりません。

ポイント４　本番前こそ「いつもの調子でね」

「がんばれ」に近いのですが、「しっかりやれ」も励ましているようで、子どもに無用なプレッシャーをかけることがあります。

例えば、サッカーの試合、ダンスの発表会、漢字検定、模擬試験などの前に、親はついつい「しっかりやれよ」「間違えないでね」「集中しなきゃダメよ」と言ってしまいます。気持ちはわかりますが、子どもにとっては余分なプレッシャーになることもあります。

こんなとき、子どもとしてうれしいのは**「いつもの調子でね」**という言い方です。これは「いつもしっかりできているよ」というほめ言葉でもあり、ありのままのあなたでだいじょうぶというメッセージでもあります。こう言われると子どもはリラックスできます。

そして、本番で力を発揮できるかどうかは、プロでも素人でもリラックスできるかどうかにかかっています。

オリンピックという一流のアスリート同士の戦いにおいても、メダルが取れるかどうかは本当にわずかな違いで、そこではメンタルな部分をよい状態に持っていくことが重要です。絶対に勝たなければと思った瞬間に余分な力が入り、わずかに歯車が狂って負けてしまうこともよくあります。

よく試合前のインタビューで、「オリンピックを楽しんできます」と答える選手がいますが、あれは少しでも自分をリラックスさせて実力を発揮したいという意図があるからでしょう。それは真剣さが足りないということではないのです。

一流選手でさえそうなのです。ましてや、子どもが余分なプレッシャーをかけられたら、勝てるものも勝てなくなります。ですから、「だいじょうぶよ、いつもの調子でね」と言ってあげればいいのです。

普段の生活でも同じです。例えば、給食の配膳で食管からお椀におかずを盛る当番の子がいるとします。熱々のおかずを小さなお椀に盛るのはなかなか大変な仕事で、子どもはけっこう緊張します。そのとき、先生に「こぼさずにやるんだよ。絶対こぼさないで」と言われたらどうでしょう? 子どもはよけい緊張して手が震え、かえってこぼしてしまうことになりかねません。

ですから、「こぼさないで」という代わりに**「上手だね。上手、上手」**とか、**「ゆっくりでいいよ。ゆっくり、ゆっくり」**と、とにかく安心できるようにしてあげるといいのです。

同じように、外出の支度をしているとき、「早くしなさい。早く、早く」と急《せ》かすより「ゆっくりでいいよ」と言ったほうが結果的に早くできることもあるのです。あまり急かされると、子どもはパニックになって、何から先にやったらいいのかわからなくなってしまいます。持ち物の支度か、着替えか、トレイかと混乱して、自分のペースで動けなくなってしまいます。

そんなときには「ゆっくりでいいよ」と声をかけてあげれば、安心して動くことができます。自分のペースで段取りできるので、かえって早く支度ができるのです。もちろんこれもケース・バイ・ケースですが、子どもの様子を見て使い分けられるようになるといいですね。

ポイント5　自己肯定感を育てる「生まれてくれてありがとう」

以前、タレントのつるの剛士さんがインタビューに答えて話した記事を読みました。これはとても興味深かったです。つるのさんは、子どものときからお母さんに「あなたは私たちの子どもだからだいじょうぶ」と年中言われていたそうです。つるのさんは、その言葉がうれしかったそうです。

私はつるのさんに会ったことはありませんが、テレビで見る限りポジティブで温かく、自分にも他者にも肯定的な人に思えます。お母さんから肯定的な言葉をいつもシャワーのように浴びてきたので、それが自己肯定感と他者信頼感につながっているのだろうと思いました。

このように、子どもを丸ごと肯定する言葉は、子どもに大きな栄養を与えてくれます。日頃から、このような言葉を贈ってあげてほしいと思います。**「生まれてくれてありがとう」「あなたがいてくれてうれしい」「あなたといると本当に楽しい」「毎日エネルギーをくれてありがとう」「あなたの笑顔から元気をもらって、お母さんもがんばれるわ」**。こういう言葉を実際に口に出して子どもに贈ってあげましょう。

親子だから気持ちは伝わっているはず、と思っている人もいるかもしれません。でも、意外と伝わっていないものなのです。それに、口に出して言われれば誰だってうれしいですよね。

私の教師時代、小学二年生の授業で、親に書いてもらった手紙を子どもが読む時間を設けたことがあります。その子がお腹に宿ったときの喜び、お腹の子にどうやって話しかけていたか、生まれたときどんなにうれしかったかなど、「生まれてきてくれてありがとう」という親の気持ちが伝わる手紙です。

どの手紙も親の愛情があふれていて、子どもたちは食い入るように何度も読みました。涙を流している子もたくさんいました。すると、一人の女の子が私のところに来て、涙ながらにこう言いました。

「先生、私すごくうれしい」「うん、うれしいね」

そして、次に「いま、はじめてわかった」と言ったのです。私が「何がわかったの？」と聞くと、その子は「お母さんが私のこと好きだって」と答えました。つまり、その手紙を読むいまのいままで、お母さんが自分を好きだと思えないでいたということなのです。

私は返事に困りましたが、次の瞬間「やっぱり、そうなんだ」と思いました。というのも、その子のお母さんはいつも否定的な言い方で叱る人だったからです。いくら子どもを愛していても、自分の言葉に無自覚なまま否定的な言い方を続けていると、こうなってしまうのです。親の愛情が伝わるどころか、逆に疑い、愛情不足感、不信感などが募ってしまうのです。

ぜひ、「生まれてくれてありがとう」と、言葉や手紙で伝え続けてください。次のようなひどい言葉は絶対言わないようにしてください。「あなた、お母さんの子どもなのになんでそうなの？」「パパはお医者さんなのに、あなたは勉強ができないわね」。

もっともひどいのは存在を否定する言葉です。たとえば、「あなたなんかいなければよかった」「産まなければよかった」「本当はほしくなかった」「産みたくなかった」「本当は男の子がほしかった」などです。このような存在を丸ごと否定する言い方をされると、子どもは深く傷つきます。それは親に対する不信感にとどまらず、自分という存在に対する否定にもつながってしまいます。

知人から聞いた話ですが、ある三姉妹の末っ子が親の部屋で男女産み分けの本を見つけて、「本当は男の子がほしかったんだ」と知りショックを受けたそうです。そうした本は早めに処分しておくべきでしょう。

子どもはこうした親の言葉や態度に敏感です。不信感や不安感を与えるのではなく、「生まれてくれてありがとう」と伝えて、自分を肯定できるようにしてあげてください。

ポイント6　マイナスではなくプラスのイメージで伝える

肯定的でプラスイメージの言い方には大きな力があります。「〇〇すると、こんないいことがあるよ」という言い方です。例えば、**「ここも片づけるとすっきりして気持ちがいいよ」「今日準備すれば明日の朝は余裕だよ」「先に宿題を半分でもやっておくと後がラクよ」「毎日十分でも勉強すれば、〇〇の試験に受かるよ」**などの言い方だと、明るい未来がイメージできます。

ところが、実際にはやはり逆が多いようです。例えば、「ここも片づけなきゃダメでしょ」「今日準備しておかないと、明日の朝間に合わないでしょ」「どんどん宿題をやらなきゃダメでしょ」「そんなに勉強しないでいて、試験に受かるわけないわ」などです。言っていることの中身は同じでも、受け取るイメージは大きく違います。

ですから、肯定的でプラスイメージの言葉で伝えましょう。否定的になりそうになったら、パッと切り替えて、「○○すれば、こんないいことがある」という言い方に変えましょう。

いつもこれを心がけていると、子どもにとっていいだけでなく、親のあなた自身が物事のよい面を見つけられるプラス思考になっていきます。言い換えると減点主義から加点主義になるということでもあります。

スポーツ少年団の監督さんたちに聞いた話ですが、サッカーでも野球でもほとんど同じことを言っていてびっくりしたことがあります。

例えば、野球の監督がバッターボックスに立つ子に「低めのボールを打つな」と言うと、逆に低めのボールが来たときに振ってしまうことがあるそうです。その結果、ボテボテのゴロになってアウトになってしまいます。ところが、言い方を変えて、「高めを狙え」と言うと、高めを打つようになってヒットが増えるそうです。

サッカーの監督も同じようなことを言っていました。シュートのボールがゴールの上に行ってしまわないように、「上に蹴るなよ」と言うと、かえってボールが上に行ってしまうことがあるそうです。ところが、「ゴロを蹴れ」と言うようにすると、ゴロが増えるそうです。

私はこれを聞いて、なるほどと思いました。「低めを打つな」「上に蹴るな」という否定的な言い方をすると、意識が逆にそちらに行ってしまうのです。本当は否定しているのですが、頭の中には「低め」「上」が残ってしまうのです。それで、身体がそちらに反応してしまいます。逆に「高め」「ゴロ」と言えば、その言葉が頭に残って行動に移しやすくなります。

否定的な表現は二段階で理解しないとならないのですが、肯定的な表現はシンプルに理解してすぐ行動に移せるわけです。

ポイント7　当たり前じゃないからこそ「ありがとう」

「ありがとう」という言葉はいい言葉ですね。とても心が温かくなります。大人同士では「ありがとうございます」が当然のように言えても、相手が子どもとなると意外に言えないようです。

例えば、子どもが何かお手伝いをしてくれたときに、**「ありがとう、手伝ってくれて助**

かるわ」と言ってあげてください。育ててやっているのだから子どもは手伝って当たり前と思う方もいるかもしれませんが、決して当たり前ではありません。子どもも一人の人間ですから、手伝ってもらったら「ありがとう」と言うのが当然でしょう。何事もやって当たり前と思わないことが大事です。

「お手伝いして偉いね」というほめ方もあります。これがまったく悪いとは言いませんが、それよりも「ありがとう、助かるわ」と言ってもらったほうがうれしいのです。なぜなら、役立っているという喜びがわいてきて、自分の存在に対する肯定的な気持ちが持てるからです。

「○○してくれて助かるよ」と言ってもらえると、どうしたら自分が役に立てるのかと考えるようになります。ところが、「○○して偉いね」ばかり言われていると、「どうしたらほめられるか」と考える傾向が強くなる可能性もあります。

本章のはじめに「先にほめる」というお話をしましたが、同じように「先にありがとう」も効果的です。例えば、「○○してくれる？」ではなくて、**「ありがとう、悪いんだけど○○してくれる？」**と言うわけです。先に感謝されているから、子どもはその瞬間に心が開いて、素直に受け入れる気になります。

でも、乱発はいけません。やり過ぎると、有無を言わさずやらせようとしている感じになってしまい、押しつけがましくなります。何事も過ぎたるは及ばざるがごとしです。

これに似た言い方で、**「お願い、○○してくれる？」**と、先にお願いしてしまうという手もあります。あるいは、正直に**「ママはもう疲れちゃってヘトヘトだから、○○してくれる？」**と、ざっくばらんにお願いする言い方もあります。単に「○○してくれる？」よりはいいでしょう。

先に謝る方法もあります。**「ごめん、○○してくれる？」**という言い方です。あるいは**「ママの都合で悪いんだけど、○○してくれる？」**ですね。実際、大人の都合で子どもにお願いすることが多いわけですから、正直に言ってしまえばいいのです。**「ママのわがまま聞いてくれる？」「ママの勝手で悪いんだけど、○○してくれる？」**という言い方もけっこう効き目があります。押しつけがましさがないからです。

私も教師時代こちらの都合で頼むときは、正直に「先生の都合で悪いんだけど」と言うと、高学年の子にもけっこう効き目がありました。「そう頼まれたらしょうがない、聞いてあげよう」みたいな感じになるのです。命令や指示ではなく協力依頼ですから素直になれるのです。これが、明らかに大人の都合とわかっているのに、「お前たちのために言っているんだ」みたいに言われると、言うことなど聞く気になれません。

前述したように、外出時に「早く、早く」と急かせるのも、ほとんどは親の都合なのです。子どもたちも見抜いていますから、急がせるときも命令ではなく協力依頼という感じで言うと効果的です。

ポイント8　肯定的に伝えられないときは「単純に促す」

さて、これまでは肯定的に言ったりほめたりというお話でした。でも、いつでも常にそれをおこなうというのは難しいものです。そういうときは、肯定したりほめたりしなくてもいいので「単純に促す」言い方で伝えましょう。

つまり、**「○○しよう」「さあ、片づけよう」「はい、起きるよ」「さあ、着替えようか」**などです。肯定したりほめたりしなくてもいいので、とにかくとがめないで伝えることが大切です。

例えば、電車で子どもが靴を脱がないまま座席で立ってしまったとき、「靴脱がなきゃダメでしょ」と言ってしまう人が多いです。そこは**「靴脱ごうね」**と単純に促せばいいのです。「ダメでしょ」ととがめる必要はありません。そして、「○○しなさい」という命令調よりも「○○しよう」とか「○○するよ」のほうが柔らかくていいですね。

ところが、このような単純な言い方も、慣れないと意外と難しいのです。というのも、「○○しなきゃダメでしょ」などの言い方が口癖になってしまっているからです。それで、ついとがめる要素が入ってしまうのです。ですから、日頃からとがめないで単純に促すということを心がけてほしいと思います。

同時に、具体的に促すということも意識してください。というのも、親はついつい抽象的な言葉を使いがちだからです。例えば、「まったくだらしがない、何をやってるの」「もっとちゃんとしなさい」「ぐずぐずしてないで、やることやんなさい」という感じです。こういう言い方だと、子どもは具体的に何をすればいいかわからないことが多いのです。お母さんが不機嫌なことはわかるけど、具体的に何をどうしていいかわからないのです。叱られてパニックになっているときは、なおさらです。

ですから、「さあ、着替えよう」「さあ、歯を磨くよ」というように具体的に促しましょう。

この他にも、促し方にはいろいろなバージョンがあります。ハードルを下げて促すのも効果的です。例えば、「宿題をやらなきゃダメでしょ」ではなくて、**「さあ、一問だけ宿題をやっておこう」「ちょっとだけやろう」「半分だけやろう」「一問だけやっておくか」**などです。

あるいは、**「宿題、一緒にやろう」「お母さんが手伝ってあげるからやろう」「分担して片づけちゃおう」「ママは床を掃除するから、あなたは机の上を片づけて」**などもいいでしょう。こう言われれば、簡単でラクそうなので子どもも取りかかりやすくなります。そして、ひとたび取りかかればエンジンがかかってきます。そうなれば、手伝わなくても子どもが自分でやるようになるものです。

ユーモアを入れて促すのも効果的です。**「さあ、起きよう、起きないとくすぐっちゃうよ」**と楽しく促します。朝なかなか起きられない子に対して、あるお父さんはゴソゴソと布団に入り込んで、**「いつまで寝ていられるかがまん大会だ」**と言うそうです。すると、すぐに起きるそうです。

あるお父さんは、子どもに何か言うときユーモアを交えるようにしています。例えば、朝起こすときは「一〇秒で起きたら天才、二〇秒なら凡才、三〇秒ならチンゲンサイ。チンゲンサイなら食べちゃうぞ。用意ドン、一、二、三…」と言うと、子どもは二九秒ぐらいまでに笑いながら起きます。

その人は、オヤジギャグ、ダジャレ、変顔、タレントの物真似、替え歌なども得意らしいです。早くご飯を食べさせたいときは、「でんでんむしむしかたつむり」の替え歌で、「どーんどん、メーシメシ、食べましょうね」と歌っていると言っていました。このお父さんは子どもの笑顔が好きなので、一日一回笑わせるようにしているそうです。本当に素敵なお父さんですね。

このお父さんを見習って、子どもが早く寝ないときは**「早く寝ないと、面白い顔をしちゃうぞ」**と笑わせたり、店員さんに扮して**「お客様、当店もそろそろ閉店のお時間でございます」**とすまし顔で言ったり、駅員さんのように鼻をつまらせて**「終点、終点。お客様はどなた様もお降りください。そのままお布団にお入りください」**と言ったりなど、アイデア次第で笑わせながら促すことができます。

次に、時間を意識して促すのも効果的です。**「宿題に一分以内に取りかかるよ」「何分で取りかかれるかな」「二分以内にはじめるよ。タイマーと競争、用意ドン」「六時半までにやっちゃおう」**などです。時計を見ながらやる場合は、デジタル時計よりアナログ時計のほうが意識しやすいです。

小さい子でしたら、アナログ時計にしるしをつけて**「長い針がここまで来るまでにやろう」**と促すのもいいですね。画用紙で作った模擬時計をアナログ時計の横に貼って意識させるのもいいでしょう（模擬時計については第2章の72ページ～を見てください）。小さい子は時間の感覚がないので、時間を「見える化」する工夫が必要です。模擬時計を四つぐらい作って、「効果抜群です」とうれしそうに報告してくれたお母さんもいます。

時間になると変な音が出る面白タイマーもいいですね。砂時計や液体砂時計は女の子が好みます。オルゴールを使っている家庭もあります。タイマーでオルゴールをセットしておいて、「鳴ったら勉強開始」とか、鳴っている間中はお片づけタイムにするなど、ちょっとした工夫が大事です。

ゲーム化して促すのも効果的です。○○ごっこにしたり競争化したりするのです。**「ママと片づけごっこだよ。どっちがたくさん片づけられるかな、用意ドン！」**とか、公園で遊んでいて帰ろうとしない子に**「出口までママと競走だよ」**などと言うのもいいですね。

そして、促すときに理由を伝えることも大切です。**「明日の朝は早く出かけるから、九時半には寝よう」**と理由をはっきり言って促します。外出するときも、「急がなきゃダメでしょ」ではなく、**「一時半の電車に乗るから一時一五分には家を出るわよ」**とか**「一時**

一〇分には着替え終わろうね」などの言い方のほうがいいです。

ポイント9　子どもと一緒に対策を考えてみる

促すことの次に大切なのは「考えさせること」です。

よく、親が子どもに向かって疑問型で詰問することがあります。例えば、「なんでちゃんとやらないの？」「なんで自分で宿題できないの？」「なんで時間が守れないの？」「なんで片づけできないの？」などです。こういう言い方は、一見質問のようですが、実は本当に答えを聞きたいわけではありません。実際、子どもが「だって、〇〇だもん」と答えると、「なんで言い訳するの！」「言い訳はやめなさい」と叱ります。子どもにしてみれば、「なんで」と聞かれたから、「だって」と理由を言っただけなのに、怒られてしまうのです。

親とすれば、理由などどうでもいいのです。頭に血が上って普通に叱るだけでは物足りないので、子どもを問い詰めて窮地《きゅうち》に追い込み、溜飲《りゅういん》を下げたいという気持ちが無意識に働いているだけなのです。

頭に血が上った親ほど子どもにとって理不尽な存在はありません。親だから、しつけのためだから、この子のためだから、という〝錦《にしき》の御旗《みはた》〟があるので、ブレーキがかからなくなります。このような親の前では子どもはかわいそうなほど無力です。

本当は「なんで」という問いは親が自分に発すべきことです。例えば、食事中に食べ物をこぼす子に対して「なんでこぼすの？」と聞いても仕方ありません。親が「なんでこの子はこぼしてしまうのだろう？　何か原因があるんだろうか」と考えることが大事です。

そうすると、子ども用の椅子が高すぎたとか、食器の形に問題があったなど、原因がわかることがあります。原因がわかったら改善すればいいだけのことです。

もし、子どもに聞くとしたら、「なんで？」と問い詰めるＷＨＹではなく、「どうしたらできるかな？」というＨＯＷを聞いたほうがいいのです。しかも、親子で一緒にどうしたらできるか考えることが大事です。

なぜかと言えば、「どうしたらできるか考えてごらん」と言って子どもに考えさせるだけだと、子どもは突き放されて見放されたように感じるからです。一緒に考えようと言ってあげれば、親の愛情を感じながら安心して考えることができます。

コップやお皿を誤って割ってしまったときも、「何してるの！」「気をつけなきゃダメでしょ」ではなく、まず**「だいじょうぶ？」**とか、**「ケガはない？」**と聞いてあげ、ケガがなければ、**「だいじょうぶ、だいじょうぶ、心配ないよ」**と安心させてあげます。その上で、**「じゃあ、これからどうしたらいいと思う？」**と聞けば、冷静に「じゃあ、片づける」となります。大騒ぎしてとがめる必要などまったくありません。

電車から降りて改札口を出ようとしたら、子どもが切符をなくしたことがわかった、などというときはどうしたらいいでしょうか？「何やってるの？　なんでそんなにだらしがないの？」と言うのではなく、「だいじょうぶ、だいじょうぶ」と安心させて、一緒に探してあげましょう。その後で、**「じゃあ、これから同じ失敗をしないようにするにはどうしたらいいかな？」**と一緒に考えます。そうすれば、いつも同じポケットに入れるとか、必ず財布に入れるなどの工夫を思いつくことができます。

子ども自身に考えさせたい場合、親がとぼけるという手もあります。例えば、食事の後に歯磨きをさせたいのに、なかなか磨こうとしない場合、あるお父さんは**「食べた後にすることがあったんだけど、なんだったかな？　思い出せないな。ああ、苦しい。なんだっけなあ？」**ととぼけるそうです。すると、子どもが「パパ、忘れちゃったの。歯磨きじゃん」と言いながら洗面所へ行って、うれしそうに歯磨きをしたそうです。

そして、お父さんは**「ああ、そうだった。ありがとう、思い出したよ。じゃあ、これか**

らはパパが歯磨きを忘れているときはすぐに教えて」と言いました。それからは毎日「パパ、歯磨きだよ」と教えてくれて、自分も一緒に磨くようになりました。賢いお父さんですね。このようにユーモアを交えてとぼけるのも面白いでしょう。

子どもに考えさせるとき、選択肢を与えるという方法もあります。いつまでもグズグズして何もやろうとしないとき、**「ご飯にする？ 着替える？」**と選択肢を与えます。二者択一なので、どちらかを選んで動き出すわけです。

宿題をなかなかやらないときは、**「遊んでから宿題やる？ それとも先に宿題やってから遊ぶ？」**と自分で選ばせます。自分で選んだということでちょっとした責任が生まれ、実際の行動につながりやすくなります。

啓発も大事です。うがいや手洗いをしない、歯磨きをしない、お風呂に入りたがらないなどというとき、なぜそれが必要なのか子どもが心から納得できるように説明してあげましょう。すると、けっこう効果があります。学校の授業でもやりますが、歯を磨かないとミュータンス菌が増殖して虫歯になるとか、歯垢の中に何億もの菌がいるなどという話をしてあげましょう。さらに、菌が増殖している写真や動画も見せると、子どもも「これはまずいな。これからはちゃんと磨こう」と思うようになります。インターネット上にもいろいろな画像や説明がありますから、それを見せながら話してあげるといいですね。

子どもは深く納得するとちゃんとやります。納得度とやる気は比例します。頭ごなしに命令したり叱ったりするよりも、上手に啓発してあげるほうがはるかに効果的です。

ポイント10　事前に注意しておく「叱らない」ひと工夫

事前にトラブルが予想されるときには、前もって子どもに言っておくことが重要です。例えば、病院に行く場合、病院では走ってはいけない、触ってはいけない、騒いではいけないと伝えておきます。買い物では**「今日はお菓子は買わないよ。この前、買ったばかりだからね」**と言っておきます。これは基本中の基本ですが、なかなかできないのです。子どもが納得できるように、理由をちゃんと伝えれば、子どももわかってくれます。

毎回同じことを言うのが嫌になったら、簡単なクイズにする手もあります。例えば、**「病院で気をつけることは三つあります。一体何でしょうか?」**と言えば、子どもも考えます。ちょっとしたおさらいです。そして、自分で答えると守らなければという気持ちが強まります。

事前に言うのを忘れた、あるいは言っておいてもやってしまったという場合、親が立ったまま上から叱りつけるのはやめましょう。子どもの二倍の身長がある親が上からガミガミ言うと、それだけで怖いので子どもは防御反応を起こします。つまり、心のシャッターが閉じてしまうのです。ですから、まずしゃがんで目を同じ高さにそろえ、落ち着いた声で話しかけます。

「病院内で走って、もしお年寄りにぶつかるとどうなるかな？　そうだね、転んじゃうかもしれないね。あのね、お年寄りは骨が弱くなっているから、転んで骨を折っちゃうと、もう一生歩けなくなることもあるんだよ」と話してあげれば、子どもも気をつけようという気持ちになります。

小さい子だったら、絵本を持っていくとか、あやとりや折り紙を用意しておくとか、小道具を持っていくなどがいいですね。最近ではスマホ（スマートフォン）などの電子機器を使う人もいます。やり過ぎによって弊害が生じるようなことは避けなければいけませんので、親の管理のもとで適切に活用するようにしましょう。

最近、私が気になるのが赤ちゃん連れのお母さんです。新幹線などで、赤ちゃんがむずがって泣くと、「しっ！」とか「静かに！」などと叱るのですが、赤ちゃんにそんなことを言っても無理でしょう。こういうときは、叱るのではなく**「よしよし」「暑いねえ、暑いねえ」「飽きちゃったねえ、飽きちゃったねえ」「イヤだね、イヤだね」「ごめんね、ごめんね」「もうすぐ着くよ、もうすぐ着くよ」「だいじょうぶ、だいじょうぶ」**などとあやしてあげればいいのです。でも、最近はあやすことを忘れて叱ってしまうお母さんが多いように思います。

「今日はお菓子は買わないよ」と事前に言っておいても、いざお菓子屋さんの前を通ると、「買って、買って、お菓子買って」となる子もいます。こうしたときに、カッとしてその場で叱りつけてしまう人もいますが、まずは場所を変えることが大事です。子どもは場所を変えると気分も変わることが多いからです。できたら、騒がしいところより静かなところがいいですね。そのほうが、子どもも大人も冷静になれます。

そして、子どもが泣き止むのを待ちます。そのとき、子どもと同じ目の高さになるようにしゃがんで、耳元で静かな声で**「泣き止んだらお話を聞かせて」**とささやくように言ってあげるといいでしょう。すると子どもはけっこう落ち着いてきます。

すぐには泣き止まない子もいますが、こういうときは待ってあげることが大事です。待てる親であってください。ほてった身体がクールダウンするのに時間がかかるように、高まった感情が落ち着くのにも時間がかかるのです。

子どもが泣き止んだら、**「じゃあ、お話聞かせてね。どうしたの？　何がほしいの？」**と聞いてあげます。そして、本人の希望をたっぷり聞いてあげ、**「確かにほしくなるね。あれ、おいしそうだもんね」**と子どもに共感してあげます。

うまく言葉で言えない場合は、**「○○がほしかったんだね」「うん」「おいしそうだもんね」「うん」**というように本人の気持ちを代弁してあげてください。

このように子どもの気持ちにたっぷり共感してあげると、子どもは自分のほしい気持ちがわかってもらえたと感じることができます。それによってかなり心が満たされます。

そうなったところで、**「でも、お約束したよね、今日はお菓子買わないって」**と言ってみましょう。この段階になれば、子どもも素直に言うことが聞けるようになっています。

そうしたら、**「がまんできたね。お約束守れたね。じゃあ、公園で一緒に遊んでいこうか」**というように、子どもが喜びそうな提案をして気分転換してあげます。別の方向で子どもの気持ちを満足させてあげるのです。

日頃から、子どもの気持ちを共感的に聞いてあげたり、スキンシップ、親子遊び、おしゃべり、共同作業などのふれあいを増やしたりすることで、子どもは気持ちが満たされます。そうなっていれば、「○○がほしい」など物やお金に対して固執することは少なくなります。

ポイント11　親の気持ちを伝える「アイメッセージ」

相手をとがめるとき、主語は「あなた」であることがほとんどです。「なんであんたはこんなに遅いの？　時間を守らなきゃダメでしょ」と、あなた〝ＹＯＵ〟が主語なので、これを「ユーメッセージ」と言います。これに対して、私〝Ｉ〟が主語になるとこうなります。

「あなたが帰ってこないから、ママは心配したわよ」と、自分の気持ちを伝えます。これを「アイメッセージ」と言います。

主語を自分にすると、相手をとがめる要素が入りづらくなります。子どもとしては、お母さんに心配かけるから早く帰ろうという気持ちになるのです。とがめられると、「うるさいな」と思いますが、心配と言われると素直な気持ちで受け入れやすくなります。

「時間通りに帰ってくると安心するわ」「きょうだい仲よく遊んでいると、お父さんもう

れしいよ」という言い方ですね。

ただし、〝偽りのアイメッセージ〟もあるので、注意が必要です。例えば、主語を私にしても、「ちゃんと帰ってこないから、お母さんはイライラするわ」「しっかりやってくれないから、お母さんはイヤになっちゃう」という言い方にはとがめる要素がたっぷりと入っています。「テストで一〇〇点を取るのをママは楽しみにしているわ」も、子どもにプレッシャーをかける〝偽りのアイメッセージ〟です。これは、親の望む行動を子どもに押しつけようという気持ちが見え見えなので、子どもは心を閉ざしてしまいます。

ちょっと話がそれますが、誰かに子どもをほめられたときに、親がどう対応するべきかも言っておきましょう。

友達のお母さんに「〇君は、本当に算数が得意でうらやましいわ。頭がいいのね」と言われたとき、親は謙遜《けんそん》して「そんなことないですよ。家ではわがままで本当に困るわ。お兄ちゃんのくせに弟とおもちゃの取り合いで泣かせてばかりで、困った子なんですよ」などと答えることはよくあります。

私も教師のとき、お母さんに「〇君は学校でこんなにがんばっていますよ」と言うと、「でも、家ではてんでダメで…」と謙遜するわけです。横で、その子が聞いていたら、「なんだ、お母さんは本当はそう思っているんだ」と傷つくのです。子どもは謙遜など知りませんから。

でも、算数が得意とほめられたら「そうなんですよ。うちの子は本当に頭がよくて助かります。算数が得意でありがたいです」とも言えないでしょう。こういうとき、「ありがとうございます」と言った後、いい返事の仕方があるのです。

一つは**「算数が大好きみたいなんです」**という言い方です。「好き」という言い方なら嫌みがありません。もう一つは**「私のほうは算数が大の苦手なんですけどね」**と、子どもでなく自分を謙遜する方法です。

「おたくのお子さんはお手伝いをよくやって偉いねえ」と言われて、**「どうも家事が好きみたいなんです」**と言えば、嫌みがないですね。しかも、子どもが聞いてもうれしいです。

多くの親は、謙遜によって子どもを傷つけていることに気がついていないので、ちょっと注意してほしいと思います。

ポイント12 手紙や写真、カードで伝える方法もある

これまで話し言葉に関する工夫をお話してきましたが、音声以外の表現、つまり、書き言葉や手紙、写真、カードなどを使ったメッセージの伝え方もあります。

面と向かって言いにくいほめ言葉も手紙なら伝えやすいものです。学校から帰ってくる子どもにこんなミニ手紙を書いておいたらどうでしょう。

「お帰り。暑いから朝練も大変だったでしょう。毎日、よくがんばってるね。麦茶を作ったから飲んでね。スイカもあるよ。勉強も大変だけど、午前中にやっちゃえば、午後はやりたいことができるよ」。

夏休み朝練から帰ってきてこういう手紙があれば、素直にやろうという気になります。ミニ手紙でも、最初に労をねぎらい、ほめて、最後に伝えたいことを書きます。これは、話し言葉と一緒です。「午前中にやれば午後はラクだよ」と、プラスイメージで伝えましょう。

書き言葉でも「お帰り。勉強は午前中にやらなきゃダメよ」はいけません。これでは、

いくら書き言葉でも効果はありません。

話し言葉は相手の反応があるので、伝えたいことが途中で言えなくなることもあります。でも、書き言葉はちゃんと伝えたいことをじっくりと表現できるのがメリットです。例えば、「生まれてくれてありがとう」と口でなかなか言えないなら、誕生日のときに手紙を書いて渡すのもいいでしょう。心の中にある愛情を日頃はなかなか伝えにくいものですが、ここぞという機会に書き言葉によって伝えるといいと思います。

書き言葉や写真は「見える化」できることが強みです。例えば、毎日やるべきことも口で「やりなさい」というだけでなく、**やることが目に見えるようにしてあげる**のです。あるお母さんは、子どもが学校から帰ってきたらうがいと手洗いをして、給食セットを流しに出して、着替えたものを洗濯機に入れて、それから勉強の準備をするという一連の作業をさせたいと思っていました。でも、なかなかやらないので、お母さんは毎日ガミガミ叱っていました。

そこで、お母さんは、それぞれの作業をやっている子どもの写真を撮って、玄関のホワイトボードに貼ったそうです。そして、ちゃんと実行して写真を裏返すとニッコリ花丸ピースが現れるというカードにしました。すると、やることが明確になって、しかも花丸ピースが見られるので、あっさりと毎日できるようになったそうです。

ホワイトボードに時間割を作っておくのもいいですね。学校の時間割のように、何時何分からお片づけ、何時何分から勉強、お風呂、お手伝い、就寝準備などと、やることが時間割で明確になっていると行動しやすくなります。

指示カードを目の前で見せるというやり方もあります。これはテレビで見たのですが、ピアニストになろうとピアノを一生懸命練習している女の子がいて、お母さんがつきっきりで教えています。ついつい、お母さんは言葉がきつくなり、「テンポに気をつけなきゃダメでしょ」とか「ここはピアニッシモでしょ」と言ってしまいます。

これでは、子どもにもよくないと気づいたお母さんは、注意事項をカードにして割り箸で持ち手を付けて、必要なときにパッと出すようにしました。「テンポ」とか「ピアニッシモ」と出せば、余計なことを言わなくてすむからお互いにイライラしません。これはいい方法だと思いました。こうした工夫をするのが親の愛情ですね。

日常生活でも、「片づけ」「お風呂」「寝る支度」など色別にカードを作って、最初はイエロー、次にレッドカードを出すなど、楽しみながら促すのもいいでしょう。

また、標語を使うのも面白いでしょう。人間は同じことを何度言われてもできるようにならないものです。これは大人も子どもも同じです。そこで、大切なことを忘れないために世の中でも標語が活用されています。「飛び出すな　車は急に　止まれない」が代表的ですね。

こうした**標語を子どもの勉強や生活にも取り入れると効果的**です。例えば、足し算の筆算で繰り上がりをしっかり書かずにミスすることが多いので、「繰り上がり　しっかり書けば　ミスが減る」と書いた紙を教室に貼り、繰り返し唱えさせたことがありました。すると、子どもたちは筆算するときにこれを思い出して、楽しく唱えながら問題を解いていました。

算数では他に「おぼえよう　一メートルは　一〇〇センチ」とか「リットルは　デシリットルの　一〇倍だ」「小数点　うっかり忘れて　点少数」などです。国語では馬という漢字の書き順を覚えるために、「馬に乗り　たて・よこ・たてと　すすみましょう」。丸という漢字は「気をつけて　ノからはじめて　丸を書く」。丸の第一画目はノなのです。

生活標語や安全標語ではこんなものを作りました。「見直しを　すれば　百点　近づくぞ」「見直しを　サボって後で　ずっこける」「検算を　すれば十点　増えるなり」

これらは、テストの見直しや検算の大切さを意識してもらうための標語です。

「かしこい子　あぶない道は　通りません」『かしこい子　うがい手洗い　カゼふせぐ』「ごめんねが　言えないままで　つらいまま」「正直に　言えばすっきり　許される」といった標語も効果的でした。

夏休みなどの長い休みには生活が乱れがちなので、「夏休み　早寝早起き　元気な子」などはいかがでしょうか。食事のときにはテレビを消して会話を増やすために「テレビ消し　食事の会話　盛り上がる」。自転車に乗るときの安全対策として「自転車の　安全ルール　ヘルメット」。

文部科学省が募集した家庭でのルール作り標語の優秀作品には「ありがとう　今日は何回　言えるかな」「『ねえ、あのね！』はなす心　きくきもち」「がんばったね。できたね。よかったね。うれしい種が集まったね」など、すばらしい標語ですね。

標語は五七五がリズミカルで覚えやすいですが、とくにこだわることもないと思います。できれば、子どもと一緒に楽しみながら標語を作ってみてください。

ポイント13 「伝え方」だけでなく「聞き方」も大切

以上、子どもに伝える方法について述べましたが、話の「聞き方」も重要です。

料理の最中など忙しいときほど、子どもは話しかけてくるものです。そんなとき、「いま、忙しいのよ。わからないの？」と言わずに、ぜひ、しっかり聞いてあげてください。

とは言っても、それができないときもあります。そういうときは、一〇秒でもいいから耳を傾けてあげましょう。一〇秒聞いてあげるだけで、子どもはけっこう満足することも多いものです。それでも話が終わらなければ、**「この料理、後五分でできるから、また続きをお話ししてね」**と答えましょう。

子どもにとっては、話したいとき、ほめてもらいたいときが旬なのですね。そのときが大事なのです。ですから、ちょっとでもいいから聞いてあげましょう。「後でね」は抽象的なので、**「この料理が終わったら」「お掃除が終わったら」「五分待って」**などと具体的に言うほうがベターです。そして、当然のことながら約束は守ってください。

話の聞き方において、鉄則は**「共感」**です。私は何度でも繰り返し言いたいと思います。

共感は本当に大事です。例えば、「先生に叱られちゃった。俺、頭にきちゃう。俺は悪くないのに」と子どもが言ったとき、親は「あなたが先生の話を聞いてないからでしょ。ちゃんと聞かなきゃダメよ。いつも落ち着きがないから叱られるのよ。明日、先生に謝りなさい」と返すことが多い。そうすると、子どもは不満をため込んでしまうわけです。モヤモヤして、「どうせ親に言っても叱られるだけだから、もう言わない」と思ってしまいます。

ですから、「先生に叱られた」と言ったら、**「どうしたの?」**とまず聞いてあげましょう。そして、子どもが「隣の子が話しかけてきたから答えただけなのに、俺だけ叱られちゃったんだよ。俺、本当は悪くないのに」と答えたとしたら、**「そうだったの。悪くないのに叱られてイヤだったたね、悔しいよね」**と共感してあげます。それだけで子どもはストレスが解消されるのです。

「疲れた、暑いし、宿題やりたくねぇ」と言ったら、「何言ってんの」と門前払いせず、**「暑いよね、こんなときに宿題するのは大変だよね。お母さんも宿題は嫌いだったよ」**と共感してあげます。すると、子どもは自分がどれだけ大変なのか、お母さんはわかってくれているると思う。それが大事です。とは言ってもやらせないわけにはいかないので、しばらくして、頃合いを見計らってから**「そうは言ってもやらないわけにいかないから、半分だけ**

やっておこうか」とか**「手伝ってあげるから一緒にやろう」**などとハードルを下げて促します。そうすれば、素直な気持ちで「仕方ないからやるか」となりやすい。

きょうだいげんかでお兄ちゃんが弟を叩いたというときは、別々に話を聞くことが大事です。別々に「どうしたの？」と聞くと、お兄ちゃんが「あいつがおもちゃを取るからいけないんだ」と言う。「何言ってるの、お兄ちゃんでしょ」とそこで叱ってはいけません。徹底的に共感的に聞きます。**「そうか、おもちゃを取られちゃったのか、イヤだったね」「お兄ちゃんも大変だね」**とたっぷり共感してあげます。

言い分をたっぷりと話し終わった頃にはもう子どもはすっきりしています。そこで、はじめて**「じゃあ、弟はどう思ってるかな？」**と聞いてあげると、「弟もきっとイヤな気持ち」とか「あのおもちゃで遊びたかったんだと思う」と答えるようになります。**「じゃあ、どうすればよかったかな？」**と聞けば、「貸してあげればよかった」「一緒にやればよかった」と素直になれるのです。**「じゃあ、これからはそうしよう。仲直りしようね」**と言えばいいのです。

子どもが塾や習い事、クラブ活動をやめたいというときも、「やめちゃダメでしょ」と言わずに「どうしたの？」と聞いて、何か理由を言ったら、**「ああ、それは大変だね。つ**

らいね」と共感してあげます。きっと、これまでのいろいろな不満を並べ立てるでしょう。それも共感しながらたっぷりと話を聞いてあげます。すると、それですっきりして、「じゃあ、もうちょっとがんばる」となる場合もよくあります。

もちろん、そうならない場合もありますが、たっぷり話を聞いてあげると理由や原因がはっきりして、それによって的確な対応が可能になります。「約束なんだから、とにかく続けなさい」では何もわからないし、子どもはストレスがたまる一方です。

私の知り合いの娘さんですが、クラスの男の子に「おめえ、口がでけぇ」と言われて悔しくて家でお母さんに訴えました。お母さんは「口が大きいのはかわいいってことだよ。美人はみんな口が大きいでしょ」と励ましたのですが、子どもは納得しません。次の日、今度は耳が大きいと言われたと怒っています。お母さんは「耳が大きいのもかわいいってことだよ。（ディズニーキャラクターの）ミニーちゃんも口が大きくて耳も大きいでしょ。かわいい証拠だよ」と励ましたのですが、それでも子どもは不満げな顔をしていたそうです。

お母さんは、私がいつも「共感が大事」と言っているのを思い出して、三日目に娘さんが泣きついてきたとき**「口が大きいって言われてイヤだったたね。耳が大きいって言われて**

本当にイヤだったね。頭きちゃうよね」と言ってみました。すると、娘さんはパーッと笑顔になって、「お母さん、やっとわかってくれた。私、本当にイヤだったのよ」と言いました。それから、堰《せき》を切ったように愚痴《ぐち》をたくさんこぼしたそうです。

親は、すぐに励ましやアドバイスを言いたがる傾向があります。でも、ストレスや不満でいっぱいになっているとき、そういう言葉は子どもの心に入っていかないのです。まず、自分がどれほどイヤな気持ちなのかわかってほしいのです。

ですから、まず共感的に聞いてあげて、ストレスや不満を吐き出させてあげてください。それがあってはじめて、アドバイスや励ましを素直に受け入れられるのです。

こんな知人の例もありました。中学受験をする子が試験前日に「明日、試験だ。俺行きたくねぇ。絶対落ちる。無理、絶対無理。あんな学校は受けたくねぇ」と言うのです。親は急にそんなことを言い出す息子を励まそうと、「何言ってるの。だいじょうぶだよ。実力があるし、一生懸命がんばってきたから絶対受かるよ」と励まして、次にこうアドバイスしました。「いいか、会場に行ったら、深呼吸を三回ぐらいやって落ち着くこと。まわりはカボチャと思えばいい」と。でも、子どもは納得しない顔をしていたそうです。

私はその話を聞いて、「そのアドバイスは通じませんね。今度はまず共感してあげてください」と言いました。

その知人は別の学校の試験で、また息子が前日「もうダメだ、明日無理」と言い出したときに**「本当にイヤだよね。試験の前って落ち着かないし、苦しいよね。ドキドキするよね」**と共感してあげた。そうすると、子どもが笑顔になったそうです。自分の気持ちをわかってくれたと思って、気持ちがすっきりしたのです。その後で言う励ましやアドバイスはスッと心に入ります。

夫婦同士も同じです。奥さんが近所の人ともめたとダンナさんに訴えると、「それは、言い方をちょっと変えればいいんだよ」などと、アドバイスをしたがります。奥さんはそんなことは聞きたくありませんし、説教に聞こえてしまいます。近所の人がどれほどわがままを言っているか奥さんは不満を聞いてほしいわけです。まずは「それは大変だったね。ひどい話だね」と共感して聞いてあげることが大切です。

とにかく共感、まず共感。共感が最優先です。

補足ですが、反抗期に入って口数の減った子どもにどう対応するかという問題があります。個人差も大きいのですが、一般的に女の子は早くて、小学四年生の後半ぐらいから思春期前期に入り、だんだん反抗的になってきます。「別に」とか「関係ないじゃん」みたいな感じで、いくら共感的に話を聞こうと思っても、そもそも話さなくなります。

そのときには、「さあ、話せ」「さあ、聞くぞ」と身構えないことです。例えば、何か共同作業をしながら何気なく話しかけるとか、散歩しながら会話するとか、塾の送迎の車の中でちょっと話しかけるみたいな感じで、正攻法で攻めないようにします。無理やり聞き出そうとすると、ますますしゃべらなくなりますから、世間話程度からはじめてみてください。

ポイント14　失敗しても成功しても「まず共感」

共感してリラックスさせてあげて本人ががんばっても、試験やテスト、試合、発表会などで不本意な結果になることもあります。

こういうときも、本人の悔しい、悲しい気持ちにまず共感することです。**「負けちゃったね、悔しいね、残念だよね」**と共感した後で、**「でもがんばった。がんばったからいいんだよ」**と励ましてあげます。がんばることが大事だと伝えてください。**「前よりよくなったからだいじょうぶ。あなたががんばったのはお母さんがわかっているからね。次はで**

きるよ」と励ます。

最悪なのは、もちろんとがめることです。「サボっていたんだから、落ちるに決まっているでしょ」「がんばりが足りないんだよ。どうせダメだと思っていたよ」「口ばっかりで、本番はダメだね」「あなた、ママに恥かかせないでよ」といった具合です。

これは知り合いの教師からの又聞きなのですが、教え子が柔道の試合に出るというので見に行ったところ、優勝候補の子があっさりと負けてしまった。すると、その両親がいきなり出てきて、負けた子を怒鳴りつけていたそうです。「お前、優勝するって言ってたじゃないか」「全然、ダメだよ。お前なんか口ばっかりで、なってないよ」と叱っているのを聞いて、その子に同情していました。親としては奮起させるつもりだったのでしょうが、このような言い方は子どもの心を傷つけるだけです。

次は逆に試験や発表会の結果がよかったときです。結果がよければ、やっぱり子どもはうれしいです。そのうれしい気持ちにたっぷり共感することも大切です。**「やったー、すごいね。がんばったなぁ、お父さんもうれしいよ」**と純粋に喜んであげます。このとき、子どもはお父さんもお母さんも自分のことで喜んでくれているということで、愛情を実感できます。

ところが、父親に多いのですが、素直に喜ばない人がいます。〝勝って兜《かぶと》の緒を締めよ〟とばかりに勘違いして、「お前、今日は勝ったけどまぐれかもしれないぞ。いい気になるなよ」とか「一回受かったからと喜んでいる場合じゃないぞ。調子に乗るなよ」といったことを言ってしまうのです。

実際、つい最近、私のまわりにもありました。中学受験で、その子は四校受けて、次々と合格したのに、お父さんが喜んでくれません。もっと上のランクの学校を受けるんだから、喜んでいる場合じゃないというわけですね。でも、子どもにしてみると、「どれだけやれば喜んでもらえるのか」と、非常にむなしい気持ちになります。すると、親の愛情を疑う気持ちが出てきてしまいます。子どもがいい結果を出したときは、素直に喜んであげてほしいと思います。

「共感・肯定弁」で育った子どもは「共感・肯定的」になる

さて、第1章をまとめると、キーワードは**「とがめない」「否定しない」「ほめる」「認める」「プラスイメージ」「促す」「共感する」**など、子どもが自己肯定感を持てる親の言葉が大事だということですね。

その効果を挙げると、第一に子どもは自分に自信が持てると、勉強でも運動でも遊びでも生活習慣でもやれるというチャレンジ精神が身につきます。やってみて壁にぶつかったとしても、自分ならできるはずだとがんばり続けて、乗り越えられます。

また、あることに関して肯定的・共感的な言葉をかけてもらえると、そのことが好きになります。つまり、勉強について肯定的・共感的な言い方をされれば勉強が好きになるのです。スポーツも絵画も音楽も同じです。

第二に、否定されたりとがめられたりすることがなくなると親子関係がよくなり、子どもはますますがんばろうという気になります。それと同時に、人間に対する信頼感、つまり他者信頼感が持てるようになるので、弟や妹や友達に対しても優しくできるということです。

第三に親がとがめない、否定しない、共感する、肯定するなどの言葉遣いをしていると、子どもの遣う言葉も自然と同じようになります。そうすると、子ども自身の人間関係もよくなります。まわりに信頼され、好かれます。これが大事ですね。言葉というものは育つ環境が大事で、大阪弁で育てれば大阪弁、東北弁なら東北弁になるように、否定語弁で育てれば否定語弁をしゃべるようになり、共感・肯定弁だと、共感・肯定弁の人間になります。

第四に親も子も共感的・肯定的に生きていると、人間でも物事でも森羅万象について、よい面を見るようになり、プラス思考になります。例えば、三連休の二日目の朝、目が覚めたときに「あと二日で休みが終わりだ。アーア」とならずに「今日も休みだ。今日と明日で二連休だ」と思えるようになるのです。

肯定的な表現を使うことで、子どもの前向きな心を育ててあげてください。

第2章

しつけ、勉強、生活習慣…

〈場面別〉1回で子どもが変わる魔法の言葉

〈親野流〉魔法の言葉で1回で子どもが変わる！

前章では子どもに物事を伝える際の基本的なポイントをお話ししましたが、毎日の生活の中でどのように応用していけばいいのか、具体的に知りたいと思っている方が多いのではないでしょうか。そこでこの章では、子どものしつけや勉強などの際、親たちに多い悩みを挙げ、それを解決する〈親野流〉言葉がけのヒントを紹介してきたいと思います。また、言葉にプラスして、方法の工夫を組み合わせるとさらに効果的です。

ほんの少し伝え方を変えるだけで、何回言っても変わらなかった子どもも、驚くほど変わりはじめますよ。

ケース1 朝の身支度が遅い

↓模擬時計を使って自分のペースを教える

最初は「朝の身支度」です。子どもがマイペースで身支度に時間がかかり、幼稚園のバスに間に合わないとか、学校に遅刻をするという悩みは多いですね。中には着替えの途中で、半分着たまま、絵本を読んでいる子どもにキレそうになったというお母さんもいます。

対策にはいくつかの工夫があります。まず、基本的には寝る時間を早めて、朝起きる時間を早めることです。とはいっても、急に早起きにはなりません。

そこで、模擬時計の活用があります。**画用紙などで模擬時計をいくつか作り、アナログ時計の近くに貼る**のです。時間の「見える化」ですね。例えば、朝食を食べ終わる時刻を差している模擬時計や着替えを終わる時刻を指している模擬時計などがいいでしょう。本物の時計の針が進んで、残り時間が減っていくのがわかるので、子どもも自分のペースを調整できるようになります。実際、模擬時計で効果が出た例はたくさんあります。

朝起きて出かけるまでの身支度の流れがつかめるようになったら、それぞれの身支度にかかる時間をストップウォッチで計って記録します。新記録が出たら花丸をつけてほめてあげてください。あるいは、あらかじめ目標タイムを書いておいて、クリアしたら花丸をつけるのもいいでしょう。

身支度のレベルアップを図るために、ホワイトボードに次のようなレベルを書き、現状にキャラクターのマグネットを貼るレベル方式も有効です。

・年少レベル　ママに着替えさせてもらう
・年中レベル　三分で一人で着替える
・年長レベル　二分で！
・一年生レベル　一分で！
・二年生レベル　三〇秒で！

子どもはレベルとかクリアなどの言葉が好きなので、レベルアップを目指して張り切ります。クリアしたら大いにほめてあげてください。ただし、レベル設定を難しくしすぎないでください。現状で三分かかるなら、それをいまの年齢に設定しましょう。その子の現状に応じてやる気が出るようにすることが大切です。

音楽を使う手もあります。この音楽が流れたら○○をはじめるとか、この音楽が終わるまでに○○を終わらせるなど決めて実践している家庭はけっこうあります。決まった時刻になると音楽が流れるように、タイマーでセットしておいてもいいですね。

言葉がけの工夫でスピードアップもできます。例えば**「早回しでスタート」「二倍速で着替えよう」**。ときには反対に「遅回し」でゆっくりモードに挑戦するのも面白いですよ。ストップウォッチを片手に**「昨日のあなたと競争だよ。用意、ドン」**と言ってはじめるのもいいですね。**口ではなく、カードで伝える**のも叱らない工夫です。「急ごう」「早送り」「あと一分」「たたもう」などと書いたカードを見せて促します。

前章でお伝えしたように、「早くしなきゃダメでしょ」という言い方はやめましょう。**「急いだほうがいいよ」**と単純に促すか、**「早く着替えられれば、早く家を出られるよ。そうすると、途中で走らなくていいでしょう」「学校でのんびりできるよ」**などとプラスイメージで伝えましょう。模擬時計を見ながら、**「何時何分までに着替えを終わるよ」**という言い方もいいですね。

早くないけれど**「早いね、早いね」**と、とりあえずほめる手もあります。そうなると、いつの間にか本当に早くなります。あわてているときは逆に「ゆっくり、ゆっくりでいいよ」と言ってあげるほうがいいのです。部分をほめて、**「ボタンが早く留められたね」「服を着るのが早かったね」**というのもいいでしょう。**「ありがとう、急いでくれて助かるよ」**とか**「ごめんね、急いでくれる」**と言えば、本人も悪い気はしません。**「何時何分のバスに乗るから、何分には出よう」**と理由を伝えたり、**「何時何分のバスに乗るから、何時に家を出たらいいと思う?」**と考えさせるのも大事です。

ここまで工夫しても、毎回遅刻しそうになるならば、手伝ってあげましょう。でも、叱りながら手伝うのはいけません。手伝ってしまうと自立できないんじゃないかと思うお母さんもいますが、そんなことは決してありません。物事を処理したり素早く行動することが苦手なだけであって、依頼心が強いとか、自立心がないということとは関係ありません。その理由は第4章をご覧ください。だんだん成長とともにできるようになりますから、心配せず、明るく楽しく手伝ってあげましょう。

あるお母さんは、こんな口から出任せの歌を歌いながら楽しく着替えさせているそうです。

いまからいまからお出かけだ〜♪　お出かけ一体どこ行くの〜♪
そ〜れは楽しい幼稚園♪　ママも行きたい幼稚園♪

苦手な部分は敢《あ》えて目をつぶることも必要です。それよりもその子のいいところをたくさんほめて自信を持たせ、伸ばしてあげるほうがはるかに重要です。

ケース 2

宿題や勉強に取りかからない

→楽しく華やかな丸付けで子どもをやる気にさせる

「なかなか宿題に取りかからない」という悩みも多いですね。その場合、ほとんどは「宿題やらなきゃダメでしょ。何度言ったらわかるの」と叱っています。それでは、余計にやる気をなくすだけ。重要なことは**宿題に取りかかるハードルを下げてあげる**ことです。

あるお母さんは、広くて浅い箱を用意して、テーブルの上に置き、学校から帰ってきたら、カバンの中身を全部この箱に出すように子どもに言いました。その子は、なかなか宿題をやらなかったのですが、箱に出すようになってから、取りかかりが早くなったそうです。というのも、宿題のプリントやドリルが見えるからで、それだけのことでも早くなったのです。これが工夫の妙味でしょう。

これをもう一歩進めて、宿題に必要な教科書やドリルなどをテーブルの上に出しておくと、さらにハードルが下がります。さらに、やるべきページを開いて、下敷きを入れておけば、より効果的です。

さらに一歩進めて、**遊ぶ前にとりあえず一問だけやっておく**ともっと効果的です。漢字書き取りなら一字だけ、計算プリントなら一問だけでいいでしょう。それほど時間がかからないし、一問やるときに全体が目に入って全体量がわかります。終わりまでの見通しが立ち、後で本格的にやるときに取りかかりやすくなります。

次におすすめが**丸付けの工夫**です。子どもの勉強したプリントや問題集に丸付けをしてあげるときに、ちょっとした工夫をするだけで、宿題や勉強が楽しい雰囲気になり、進んでやるようになります。

丸付けに使う筆記用具は、色が明るく、華やかで、ある程度太いものがいいでしょう。水性サインペンでも色鉛筆でもかまいません。全体が楽しくなるように丸を付けます。赤いボールペンは字が細いので寂しい感じになり、あまりおすすめできません。

私が教師だったときに実験をしたことがあります。計算問題が一〇問あるプリントに丸を付けるとき、九問正解の子には赤いボールペンで小さい丸を九個付け、間違えたところは大きく×を書いて、九〇点と細い字で点数を付けました。一方、八問合った子には太い明るい水性サインペンで大きく花丸を付けてあげます。間違えたところは小さくレ点を付け、八〇点と太く大きく書き、にっこりマークをおまけに付けます。

そして、プリントを返すときに子どもの表情を見ていると、九〇点の子はイヤそうな顔をするけれど、八〇点の子は「やったー、八〇点だ」と大喜び。丸付けの効果はやはり大きいなと思いました。寂しい丸だと点数がよくてもイメージが悪いのです。

低学年になればなるほど、イメージの影響は大きく、太めのサインペンで明るく華やかに丸を付けてあげて、×は大きく付けず、レ点か「?」がいいでしょう。ただの花丸じゃなくて、花丸に目や口を描いてリボンや蝶ネクタイを着ければ、キャラクター花丸になります。プリントの余白に「がんばったね」「やったあ」「おめでとう」「すごい!」などひとこと書いてあげるとさらに喜びます。お母さんの似顔絵キャラクターを描いて、その吹き出しにコメントを書くのもいいでしょう。☆マークを付けるのもいいですね。

もう一つ、勉強へのやる気スイッチを入れる効果的な工夫が**「単純な計算問題」**です。ある男の子は宿題を目の前にしながら、一時間でも二時間でもグズグズしていて、お母さんに叱られて、やっと取りかかりはじめるという毎日でした。

お母さんはもう叱りたくないと、ある日、紙に簡単な手作り問題を書いて、やらせてみたそうです。本当に単純な計算問題で、5+8とか13-7、4×8といった計算を五問やらせた。「これなら簡単だ」と子どももやりはじめ、一分とかからずやり終わり、お母さんはほめながら花丸を五つ付けて、大きく一〇〇点と書きました。子どもはうれしそうにしているので、「ついでに、宿題もやっちゃおう」と言ったら、あれほどグズグズしていた子がすぐにやりはじめたそうです。それからは、毎日、ウォーミングアップに計算問題をやらせていると言っていました。

また、プラスイメージで**「宿題を先にやっておくと、後で遊べるよ」**もいいし、**「先に遊んでから宿題にする？　それとも先に宿題をやってから遊ぶ？」**と選択肢で選ばせる方法もあります。時間を意識させて、**「さあ、あと一分以内に取りかかろう」**とか**「〇時〇分までにやっちゃおう」**などの言い方もいいですね。

前章でも言いましたが、「暑いからヤダ、宿題やりたくねぇ」と駄々《だだ》をこねたときには、まず共感してあげましょう。**「暑いわね」「宿題大変だね」「イヤになっちゃうね」**と言って、その後少し間を置いてから**「半分だけやっておく？」「ちょっとだけやっておこう」「手伝ってあげるから」**とハードルを下げて促す。**「お母さんは家計簿付けるから、一緒にやろう」**と並んでやるのもいいですね。

ミニ手紙を使って**「毎日大変だね。暑いのによくやっているね。アイスが冷蔵庫にあるから食べたら、〇時〇分までには宿題をやっておこうね」**と書いておくのもいいでしょう。

ケース
3

なかなかやる気にならない

↓小さな成功体験でやる気スイッチをオンにする

先ほど、簡単な計算問題をウォーミングアップでやらせるというお話をしましたが、これは脳科学的にも非常に理にかなったやり方です。

脳の中の大脳基底核《きていかく》に位置する線条体《せんじょうたい》が、意欲を司っている「やる気スイッチ」であることがわかっています。この線条体を活性化する一つの方法が小さな成功体験を繰り返すことなのです。いきなり高いハードルである宿題に挑むのではなく、簡単な計算問題で小さな成功体験をすることで、やる気スイッチが入るわけです。ある意味、準備運動ですね。

線条体は、この他に「身体を動かすこと」「ほめること」「ポジティブな言葉を使うこと」でもスイッチが入るので、計算問題ができたら**「あっという間にできたね」「さすがだね」**とほめるのもいいでしょう。

しかし、お金のようなごほうびで、やる気を引き出そうというのはいけません。これは

「アンダーマイニング効果」という現象で、ごほうびを与え続けると、ごほうびがないときにはやる気が出ないということになるので、人格形成によくありません。

つまり、「勉強したら一〇〇円あげるよ」という言い方はいけないということです。ただし、何か新しいごほうびではなく、生活の中に普通にあるテレビを見るとか、マンガを読む、ゲームをする、おやつを食べるという行為は放っておいてもやるわけですから、宿題や勉強などの後に回してごほうび化することはかまいません。**「この宿題を終えたら、おやつを食べようね」**という言い方ですね。

新たにごほうびを用意するのではなく、日常的にやっている楽しい行為を後に持ってきてごほうび化するということです。あるお母さんは、風呂敷を使ってユニークなごほうび化を考え出しました。例えば、子どもが大好きなテレビのアニメ番組を録画して、テレビに風呂敷をかけておきます。それで、**「宿題が終わったら、アニメを見ようね」**とやるわけです。ゲームもゲーム機に風呂敷をかけます。マンガも同じです。宿題が終わったら「パンパカパーン。おめでとう」と言いながら風呂敷を取ります。うまい演出方法ですね。

一〇〇円ショップなどで売っているタスキをうまく使っているお母さんもいます。子どもが将来宇宙飛行士になりたいというので、そのお母さんは**「宇宙飛行士の卵、ただいま**

勉強中」と書いたタスキを作り、勉強するときに掛けさせているそうです。これで大いにやる気が出て集中するとのことで、我が子に合ったすばらしい工夫ですね。好きな言葉を書き込める白地のタスキが売っていますから、そこに「**ノーベル賞を目指して勉強中**」とか「**パイロットの卵、勉強中**」などと書くのも面白いですね。漢字検定試験を受けるなら「**漢字検定○級合格！**」と書いて肩から掛けるときっとやる気が出ますよ。

ケース４

勉強への集中力がない

→締め切り、タスク、ごほうびを「見える化」する

うちの子は集中力がないなと思っている人は多いと思います。ついつい「あなた、集中力がないわね」とか「もっと集中しないとダメでしょ」と言ってしまいますが、これでは子どもの自己イメージが「ああ、俺って集中力ないな」となってしまいますから、口が裂けても言わないようにしましょう。

勉強だけを見ているとそうなりますが、子どもはそれ以外の場面で必ず何かに集中しているのです。例えば、マンガを一生懸命読んでいる、粘土やゲームに夢中になっている、

ブロックで一心不乱に遊んでいるなどです。そういうときに**「あなた、集中力あるわね」**とことあるごとに声を掛けます。そうすると、子どもはだんだん「俺って集中力あるんだ」という自己認識ができます。勉強でもマンガでも集中力は同じですからね。ただ、このとき、「その集中力を勉強にも使ってほしいよ」などと余分なことを言ってはいけません。これではすべて台無しです。

このようにしていると、子どもは勉強しているときも「俺は集中力があるんだぞ」という気持ちになれて、実際に集中できるようになります。人生は思い込みで決まりますから、こういうよい思い込みをさせてあげてください。

そして、勉強している姿を見たら、**「すごいね、集中力あるね」**とほめてあげましょう。子どもを促す必要があるときは、「集中しなきゃダメでしょ」ではなく**「集中してやると五分でできちゃうよ」「集中してやっちゃえば、後は遊べるよ」**という加点主義の言い方にしましょう。

方法の工夫では、**スケジュールの「見える化」**も集中力を高めるのに効果的です。子どもは大人より時間に対する意識が希薄です。学校から帰ってきて、寝るまでにどれだけ時間があり、その間、何をするべきかということはよくわかっていません。たっぷりと時間があると思ってしまうので、「勉強は後でやればいい」と考えるのです。

そこで、帰宅後のスケジュールを大きめのホワイトボードに書いて「見える化」しましょう。習い事、勉強、夕食、テレビ、ゲーム、遊び、趣味、入浴、就寝まで何を何時から何時までやるのかスケジュール表を作ります。そうすると、寝るまでに勉強をやる時間はいましかないということがわかるのです。一種の締め切り効果で、集中力がアップします。

大人でもスケジュール管理が得意な人と苦手な人がいます。手帳や電子機器で上手にスケジュールを管理している人がいる一方で、いつも時間に追われていて、やるべきことができなかったり、うっかり忘れてしまったりする人もいます。これでは時間の奴隷《どれい》ですね。子どもたちも忙しい現代社会で生きていくので、将来必要となるスケジュール管理スキルを身につけるきっかけにするつもりで取り組んでください。

もう一つ、小さめのホワイトボードを利用する方法もあります。Ａ４サイズ程度のホワイトボードにその日やるべき勉強や宿題の内容、締め切り時刻、ごほうびなどを具体的に書き出しておくのです。**「○時○分までに宿題のプリント一枚。やったらアニメが見られる」**と書いておけば、これで、さらに集中力がアップします。

大人でも「締め切り、タスク、ごほうび」の三つを書いて貼っておくと、常に意識して集中力が高まります。やるべきことがはっきりしていて、時間も決まっているから、締め切り効果が現れるんですね。

時間というものは目に見えないので管理が難しいのです。いろいろな形で時間を「見える化」する工夫をしてみてください。

前述した簡単な計算と同じですが、簡単な計算問題を五〇問、あるいは一〇〇問載せたプリントを用意します。毎日、勉強開始時にこのプリントをやってタイムを記録します。毎日、同じプリントをやれば当然タイムは短くなり、新記録が出ます。それを大いにほめてあげます。これが脳のウォーミングアップになって、集中したまま勉強モードに入れるのです。記録更新がストップしたら、新しいプリントに変えます。せいぜい一～二分で終わる簡単なものにすることが鉄則です。

こうして集中力を鍛えても、本当に集中できる時間は大人でも一五分程度と言われています。ですから、疲れてきて能率が落ちたら、別の勉強に切り替えましょう。するとまたしばらく集中が持続します。本当に疲れたら、アラームをかけて短時間休んだり、ストレッチをしたりするのもいいでしょう。野放図に休むとあっという間に一時間ぐらい経ってしまいます。

最後に付け加えると、**勉強する場所は小さい子ほど親が近くにいるダイニングやリビングなどでやったほうが集中できます。**勉強は子ども部屋で自分の机に向かってやるべきと思っている人も多いでしょうが、子どもは一人だと不安になり、不安になると集中できません。子どもは大人が思う以上に不安に満ちていて、ちょっとしたことでお化けや妖精でもいるんじゃないかと思ってしまうものです。

ですからあまり騒がしい場所はいけませんが、親をすぐ呼べる場所とか、親の気配を感じられる場所のほうが安心して集中できます。何かわからないことがあったら、すぐに「教えて」と言えるし、終わったら「できた、見て、見て」とお母さんにすぐ見てもらえます。親が見て、合っていたら丸を付けてほめ、間違いがあったときはすぐ教えることができます。

これによって学習効果が上がります。これを教育心理学では「即時確認の原理」と呼んでいます。この逆に、時間も経ってからだと子どもはもう興味を失ってしまい、合っていても間違っていてもどうでもよくなってしまいます。小さい子ほど、親の近くで勉強させたほうが効果的です。

ただし、すぐ否定的に叱ってしまう親の場合は、近くでやることのよい効果が期待できませんので、ご注意ください。

ケース5 間違いを直さない
↓たくさんほめてから最後に直させる

親子でよくもめるのが宿題や通信教材の間違いを直そうとしないことです。「間違えてるじゃない、やり直しなさい」「これじゃダメでしょ、ちゃんと直して」と言っても、子どもは「ヤダー」「疲れた」「もういい」とやろうとしません。

お母さんは頭にきてしまうわけですが、小学校の低学年や中学年、とくに男の子ではとても普通の姿です。学校でさんざん勉強して、家に帰ったら遊びたい、やりたいことをやりたい盛りなのです。それをガマンして、気力を振り絞って勉強をするわけです。

大人が思う以上に子どもはがんばっていて、宿題が終わったらホッとするのです。やっと遊べると思ったら、親が「間違っているから直せ」と面倒なことを言い出したわけで、これではもうイヤになります。そういう子どもの心理も理解しましょう。子どもの立場に立って心の内を想像してみることがいつでも大切です。

せっかく勉強しても、「これ違うでしょ。しっかりやらなきゃダメでしょ！」といつもとがめられるから、勉強したら叱られると子どもは思ってしまうわけです。そうならないように、やはりまずほめることが大事です。とにかく、一番はじめに、がんばって宿題をやったことをほめます。

算数ならその場で大きな丸を付けながら、**「はい、これ合ってる。これも合ってる。式もよくできたね」**と、できている部分をたくさんほめます。間違っているところも、テストではないのでわざわざ×やレ点を付けなくてもいいのです。

漢字の書き取りでもまずは上手な字のところをほめて、最後に**「ああこれは惜しかったね。これもちょっと違った。じゃあ、これとこれだけやり直そうか」**と、たくさんほめた後で最後に直すように促します。すると、ほめられて気分がよくなり、心もオープンになっているから、素直に直してくれます。

直させるときには言い方にも工夫が必要です。**「惜しいな、すごく惜しい」「あと二つで満点だったのに残念」**とか、悔しい気持ちに共感してあげます。ゲームに仕立てて**「さあ、リベンジテストで、このステージをクリアしよう。一個五〇点として二個で一〇〇点」**とか、一問だけ間違っていたら、**「これは難しいからリベンジで正解したら一〇〇点」**など、子どもが乗ってくるような言い方を工夫してください。

プラスイメージで、**「この問題はテストにも出そうだから、いまやり直して覚えておけば、ばっちりだよ」**と言うのもいいですね。

子どもが勉強をはじめる前に予防のため、**「昨日は惜しかったね。一問だけ間違えたけど、今日は落ち着いてやろう」**とか**「満点が続いているね。今日も新記録かな」**などと声をかけましょう。**「学校の計算テストは満点だったね。すごいね」**と別のことでほめてから、**「国語の宿題も、この調子でいこう」**と言うのもいいでしょう。

たくさん間違いがあっても、全部直すことにこだわらず、大事なものだけ直すのでもだいじょうぶです。もうがんばる気力がないというときは、ハードルを下げて、残りの部分は答えを写させたり、親が答えを薄く書いてなぞらせたりということでもかまいません。否定的に叱りつけるのだけはやめましょう。

とても重要なポイントであれば、お母さんが数字などを変えた類似問題を手作りしてやれば、気分が変わって取り組みます。そのとき、一問一〇〇点ということにして、できたら派手な花丸をつけ「一〇〇点!!」と書いてあげれば定着がよくなります。

ケース6 片づけができない

→まずは片づけタイムを決めて促す

片づけがなかなかできないと、毎日叱られている子どもは本当に多いですね。でも、叱って片づけができるようになったという話は聞きません。やはり方法を工夫することです。まずは**「片づけタイム」を決める**のが一番です。例えば、毎日五時三〇分になったら片づけタイムを三分間取るように決めて、その合図に音楽が流れるようにセットしておきます。そして、音楽が流れたら**「さあ、片づけタイムよ。三分で片づけちゃおう、ママと競争よ」「さあ、三分でどこまできれいにできるかな」**などと明るく促す。ストップウォッチを持って、**「何分で片づけられるかな。時間を計るよ。用意、ドン」**と乗せる手もあります。

「ママも手伝うから、一緒にやろう」「ママはベッドまわりをやるから、あなたは机まわりをやってね」とハードルを下げて促す方法もあります。三分間砂時計を用意しておいて、**「さあ、砂が全部落ちる前に終えられるかな」**とゲーム化するのもいいでしょう。**「楽しく**

遊べたね。じゃあ、頭を切り換えて片づけごっこだ」とごっこ化するのもいいでしょう。

片づけをはじめる前に、何か一つほめておくといいです。**「ブロックですごいのができたね」「いっぱいつくれたね」「楽しく遊べたね」**など、プラス思考でほめてから、**「じゃあ、片づけもがんばろう」**と促します。

片づけが終わったら、必ずほめてください。片づけタイムを作っても親が見届けないとすぐにやらなくなりますから、しっかり見届けてほめましょう。「よくできたね」だけだと、マンネリになるので、部分をほめるという方法を活用します。**「ベッドまわりがすごくきれいになったね」「マンガ本を本棚に上手に戻せてるわね」**などです。

簡単に片づけができるように環境を整えておくことも親の役割です。例えば、収納場所や箱に「おもちゃ」「カード」などと入れる物の名前を書いておけば、分類する習慣が身につきます。ただし、あまり細かくなりすぎないように。

「もとの場所に戻そう」「同じ物は同じ所に」など、**片づけのポイントを書いて壁に貼っておく**のも効果的です。部屋が片づいている状態の写真と、片づいていない状態の写真を並べて貼っておくのもいいでしょう。片づいている状態の写真だけでも、イメージトレーニングになります。

女の子なのに片づけが苦手とか、女の子だから片づけができるはずという思い込みはいけません。私の教師時代の経験でも片づけが苦手な女の子はけっこういました。

私が教師のとき、クラスの帰りの会で毎日必ず一分間お片づけタイムを取っていました。机の中の物を全部出して、整理するのです。ストップウォッチで一分間計り、その間に机の中のゴミや要らないものを捨てたり、バラバラの物をそろえたりします。

中にはうまくできない子もおり、隣の子や班の子に手伝ってもらいました。できない子に「全部自分でやりなさい」と言ってもできるようになりませんし、こちらがイライラするだけです。友達に手伝ってもらっているうちにやり方を覚えるし、片づけの上手な子が「あまり使わない物は奥に入れる」などコツを教えてくれます。

家庭でもいろいろな工夫をして、それでも片づけられなければ、親が手伝ってあげていいと思います。叱るよりも一緒に明るく楽しく手伝ってあげます。それでやり方がわかっていきますし、そのうちに時が来れば自分でできるようになります。

学校の机の中やロッカーも、行事や参観日などで学校に行ったとき、親が子どもをとがめずに片づけてあげてください。担任の先生に何か言われたら、「片づけができるように家でも努力はしているんですけど」と言っておきましょう。そうすると、先生も「家の人もわかってくれているんだな」と安心しますし、「家でもがんばっているんだな。じゃあ、しょうがないか」となってきつく叱らなくなります。

ケース7 忘れ物が多い

→一箇所に集めて持ち物コーナーを作る

忘れ物を減らしたいという親の悩みも多いですね。よく、お母さんから質問されることがあります。中には、放っておけば、自分が困って懲《こ》りるから直すだろうという人もいますが、私はこうした自業自得方式で直った子を見たことがありません。

そもそも、それで直るくらいならとっくに直っていたはずです。直るどころか、実際は放っておくとますます忘れ物が増えます。忘れ物をすると授業もおろそかになり、学力にも悪い影響が出ます。忘れるたびに先生に叱られ、友達にも何か言われるので、自己肯定感がボロボロになってしまいます。こんなに困っているのに何の手助けもしてくれない親に対して愛情不足感も出てきてしまいます。ですから放っておくのは子どものためになりません。忘れ物が減るような合理的工夫を親がしてあげてください。

忘れ物をしないためには、実にいろいろな面での総合的な能力が高いことが必要です。物の管理能力、明日は何が必要になるか見通す想像力、それに備える段取り力、面倒だけどいま支度をする自己管理力など、いろいろな力がいります。子どもは自己改造が苦手なので、足りない能力をすぐに補って忘れないようにするというわけにいかないのです。

それでは、どんな工夫が考えられるでしょうか？　まず、**学校に持っていく物をあちこちに散らさないで一箇所に集めて、持ち物コーナーを作る**と効果的です。また、**絶対に忘れてはいけない物は付箋紙に書いてカバンの上に貼っておいたり、持ち物をホワイトボードに書き出しておいてチェックしたりする**のもいいでしょう。**持ち物を並べて写真を撮っておいて、照らし合わせて確認する**方法もあります。**大事な物をリスト化し、カバンのふたの内側に貼っている家庭もあります。**いずれにしても親が手伝って、一緒に支度しながら、少しずつ手を離していきましょう。大事な物の最終確認だけは、ぜひやってください。

親が予定帳を見ながら、**「〇〇は持った？」**など、次の日の支度ができているか確認することです。もちろん、叱らずに親子で楽しみながら確認します。

それでも忘れてしまったときは、私は学校に届けてあげるのも〝あり〟と言っています。それほど困らないものならかまいませんが、楽しみにしている水泳があるのに水着を忘れたとか、図工があるのに絵の具を忘れたなどのときは届けてあげてください。そのときもいたずらに叱る必要はありません。叱らなければ、子どもは親に対して感謝しますし、親の愛情を実感できます。

大人だって、例えば、ダンナさんがスポーツイベントに出かけたのに肝心のウェアを忘れたなどというとき、奥さんが届けてあげるでしょう。これが人間としての普通の優しさです。ダンナのしつけのために、自業自得で困らせてやれとは思いません。

ところが、子どものことになると、しつけのためだから困らせてやれということで、人間としての普通の優しさが発揮できなくなります。親子も普通の人間同士の関係と考えて行動すればいいのです。実際にその通りなのですから。

ケース8 きょうだい仲がよくない

→日頃からきょうだいともに公平に愛情を注ぐ

「お兄ちゃんが弟に意地悪する」「お姉ちゃんが妹を泣かせて困る」というとき、「本当に意地悪なお兄ちゃんだね」「なんで妹を泣かせるの。ダメなお姉ちゃんだね」と長男や長女を叱ってしまうことが多いと思います。

でも、これは百害あって一利なしです。「意地悪」「ダメ」という言葉によって否定的な自己イメージを持つようになり、「ああ、俺は意地悪なお兄ちゃんだ」「どうせ、私はダメなお姉ちゃんだもの」と思うようになってしまうからです。同時に、「お母さんは弟（妹）の味方ばかりしている」という不公平感も持ってしまいます。

きょうだい仲をよくしたいと思ったら、まずはきょうだい仲についてほめることからはじめましょう。

例えば、お兄ちゃんが弟のために何かを取ってあげたり、貸してあげたら、**「ありがとう。お兄ちゃんは優しいね」**とほめます。兄なのだから当たり前だと思っていると、こうしたほめる機会を見逃してしまいます。ほめようと意識していれば、機会はいくらでも見つかります。

きょうだいが仲よく写っている写真を飾っておくのも効果的です。二人で一緒に遊んでいたり、笑顔で肩を組んでいたり、といった写真を目に付くところに貼っておきましょう。人間は無意識のうちにいろいろな情報を集め、無意識のうちに意味づけしているそうです。ですからこういう仲のよい写真を見ていると、子どもの心の中で、「僕たちは仲がいいんだ」

「よいきょうだいなんだ」という認識が育ちます。

写真やビデオなどの動画はきょうだいによって数が違うことが多いようです。最初の子のときは、親も張り切って撮りまくりますが、二人目になると減ってしまうことがあるのです。三人目はさらに減ります。男・男・女だと三人目が増える場合がありますが、逆に二人目の男の子が一番少なくなります。

子どもは親の公平さに敏感ですから、あまり差があると、親の愛情を疑うことにもつながりかねません。

実際にこういうことがありました。私が小学一年生を受け持っていたとき、生活科の授業で使うために小さい頃の写真を子どもたちに持ってきてもらいました。そのとき、ある子が「前から思ってたけど、僕の写真あんまりない…」とポツリと言ったのです。その子は三人きょうだいの真ん中で、お兄ちゃんや妹と比べて自分の写真が少ないと密《ひそ》かに胸を痛めていたのでしょう。

こうしたことはたぶん、親には言いません。ですからなるべく差がつかないようにそろえてあげることが必要です。ほめる回数、ふれあいの度合い、おやつの量など、ちょっとしたことでも公平にしようと努力しないと、子どもは思わぬ悩みを抱えることになります。

きょうだいげんかも親の悩みの種です。疲れているときや忙しいときなどに、きょうだいげんかをされると、イライラして「あなたたち、いい加減にしなさい。あなたもお兄ちゃんなのに何をやってるの」と言いがちですね。

でも、そこで感情的に叱りつけても、何かが改善するということはありません。それに、子どもにとってきょうだいげんかは多くのことを学ぶいい機会でもあります。自己主張の仕方、妥協点の探し方、交渉の仕方、けんかや口論のやり方、謝り方、許し方、仲直りの仕方など、どれも人間関係作りにとって重要なことばかりです。

きょうだいげんかが起きたとき、子どもたちの成長のいい機会だと思うようにすれば、親も冷静になれます。そして、子どもの話を聞くときは、きょうだい一緒に聞くのではなく別々に聞くようにします。一緒に聞くと、その場でまたけんかが再燃するからです。

子どもの話を聞くときは大いに共感的に聞くようにします。たぶん、自分のことを棚に上げて、勝手な言い分を話すでしょう。「あいつが悪いんだ。勝手に俺のマンガを持っていったんだ。読みたかったのに」というようにです。

それでも**「そうだったの。それはイヤだったね。頭にきちゃうね」**と共感してあげます。すると、子どもは自分が言いたいことをたっぷり言えます。それもすべて共感的に聞きます。それによって、子どもは気持ちがすっきりします。同時に、「お母さんは自分のことをわかってくれた」と感じて、心が開きます。そうなったところで、**「じゃあ、弟はどう思っているかな？」「どうしたらよかったと思う？」「これからはどうしたらいい？」**と聞きます。

その次に、「オレはお兄ちゃんだから、読ませてあげればよかった」「今度は先に読ませてあげる」「これからは一緒に読む」と言えるようになります。

第1章で「第三者にほめてもらう」方法を述べましたが、その応用で、**親が第三者的にきょうだいをほめる**と効果的です。例えば、弟が幼稚園の鼓笛隊に選ばれたら、**「あなたが選ばれて、お兄ちゃんがすごくうれしそうだったよ」**と言います。あるいは、お兄ちゃんがカゼで休んだとき、**「弟が心配してたよ」**と言うのです。すると、子どもはとてもうれしい気持ちになって、相手によい感情を持てるようになります。これは会社などでも使えますよ。

絶対やってはいけないのは、きょうだいを比較することです。「弟はしっかりしてるのに、それに比べてあなたはお兄ちゃんのくせに…」と非難するのはもちろん厳禁です。これをやると相手をうらむようになります。「弟はまだまだだけど、さすがお兄ちゃんね」「お兄ちゃんは片づけが下手だけど、あなたは上手ね」とほめるのもいけません。これをやると相手をさげすむようになります。

「仲よくしなきゃダメでしょ」ではなく、アイメッセージを使って、**「あなたたちが仲よくしている姿を見るとうれしいな」「けんかしているのを見ると、お母さんはちょっと悲しいな」**という伝え方をすれば、子どもたちも素直に反省します。

きょうだいが協力しなければならない状況を作り出すという方法もあります。例えば、親が外泊してきょうだいだけで一晩過ごさせるとか、きょうだいだけで親戚の家に行かせるなどです。

ところで、きょうだい別々に「あなたが一番好きと言ってやるといい」と書いてある本を見て仰天したことがあります。とんでもないことです。これは悪い影響しかありません。「あなたが一番」と言ったら、親の愛情は平等でないと伝えているようなものです。言われたほうはその瞬間はうれしいかもしれませんが、いつ逆転するかわからないと不安になります。きょうだいで親の愛情を奪い合わなければならないということですから、きょうだい仲は悪くなります。

親の愛情は絶対的無条件に平等であると伝えることこそ重要です。それではじめて子どもは安心して親の愛情を享受できるのです。

ときどき、子どもは「僕とお兄ちゃんとどっちが好き?」と聞くこともあります。そのときは**「どっちも大好きだよ」**という答え以外はありません。そもそも、こういうことを聞いてくること自体、子どもの中にちょっとした不安があるのです。何かしら親の対応に不公平を感じ、「僕はもしかしてお兄ちゃんより好かれていないかも」と感じているのかもしれません。子どもの質問の真意を親はくみ取って、日頃の態度や話し方を見つめ直してほしいと思います。

ケース9 うそをつく
→子どもが正直に言える環境を

親たちはみんな子どもをうそつきにさせたくない、正直な子にしたいと願っているでしょう。でも、その思いが強すぎて逆効果になってしまうことがあります。

私の知っているお母さんは直球勝負の人で、ちょっとしたうそやごまかし、ズルも絶対に許さず、少しでもうそをつこうものなら、厳しく問い詰めて叱る人でした。

あるとき、子どもが学校からのお便りを親に渡し忘れ、二日ほどカバンの中に入ったままになっていました。その子は三日目に気づいて、おそるおそるお母さんに渡すと、「これいつ渡されたの?」と厳しく聞かれて、恐いからつい「今日もらった」とうそをついてしまったのです。怪しいと思ったお母さんは「正直に言いなさい」と問い詰めたのですが、子どもは「今日もらった」と言い張ります。

そこで、そのお母さんはクラスの友達に聞いて、うそだと突き止めました。そして、金輪際、うそなどつかないように徹底的に叱りつけました。その後も似たようなことが何度かあり、その子は巧みなうそをつく子になってしまいました。それはそうです。恐くて正直に言えないのですから、うそが上手になるのも仕方がありません。こういうお母さんはたいてい他のしつけにも厳しいので、その子にとっては息苦しい毎日の連続だったと思われます。

もちろん、ケース・バイ・ケースですから、いじめや危険な遊びなどきちんと対応したほうがいいうそもあります。でも、それほどでないちょっとした小さなうそを問い詰め過ぎて、逆効果になっていることが多いのです。

基本的に大切なのは、子どもがうそをつかなくてもいい状態を日頃から作ってあげることです。何事も共感的に聞いていれば、先生に叱られたこと、友達とけんかしたこと、テストで悪い点を取ったこと、サボったことなど正直に話すことができます。

また、ちょっとぐらいのうそだったら笑って聞き流す、だまされてあげる、そういう寛大な親なら大きなうそをつく必要もありません。

子どもは人生経験が少なく、非力なので、いろいろな問題が起きたときの解決方法がわかりません。それで、とりあえず自分を守るためにごまかしたり、うそをついたりすることが少なくありません。子どもはもともとごまかしやうそが多いのであり、それが普通と思っていたほうがいいでしょう。小さいときにそういうことがあったとしても、うそつきでずるい人間になるということはありません。これは一過性のものです。

どんな子にもこうした傾向はあり、大人になったみなさんはすっかり忘れているだけです。

もちろん、正直であることの大切さを教える必要はありますので、次のような言い方で教えてあげてください。**「正直に言うことが大事だよ」「正直に言っちゃえば心がすっきりするよ」「うそをつくと後で困るよ」**。

私は、自分のクラスの子どもたちによく次のような話をしていました。「もし、物を壊してしまったとか、何かいけないことをしてしまったときは、できるだけ早く誰かに正直に言っちゃうといいよ。そうすると、もう隠したりうそをついたりする必要がないから、すっきりするんです。後は謝るだけだからね。ちゃんと謝れば許してもらえるからだいじょうぶだよ」「うそをついちゃうと、後が大変だよ。ばれないかとハラハラするし、ばれないためにまたうそをついたりしなきゃならないよね。その後でばれたらよけいに叱られるし、いいことはないよね。だから、さっさと誰かに言っちゃってすっきりしたほうがいいよ」。

子どもに絶対言ってはいけないのが、「お前はうそつきだ」「ずるい子だね」「ごまかすなんて卑怯者だ」「いつからうそつきになったんだ」などの人格を否定する言い方です。こういう言葉をぶつけられた子どもは深く傷つき、自分を否定する気持ちや親に対する不信感を持つようになります。

また、「お母さんはうそつきは嫌い」「そういうことをする子は嫌い」という言い方も危険です。子どもからすれば、「うそつきと思われたらどうしよう」「もううそつきと思われてるかも」「もう嫌われてるかも」と不安になります。これは恐怖によって子どもをコントロールするやり方です。さらに言い換えると、「親の愛情は無条件じゃないよ。私の望む子でないと愛してあげないよ」というメッセージを伝えているということでもあります。

そうなると、子どもは常に親のメガネにかなう自分を演じなければならず、それ自体がすでにうそやごまかしになってしまうのです。親はいつでも「常にあなたの味方だよ。ありのままのあなたでいいよ」というメッセージを伝えることが大切です。成長期の子どもにとってこの安心感ほど大切なものはありません。

子どもが正直に話したときは、次のように共感してあげてください。

「正直に言ってくれてありがとう。よく話してくれたね。あなたも大変だったのね、うそをつきたくなる気持ちもわかるわ」「正直に話してくれて、お母さんはうれしいわ。もうだいじょうぶよ。お母さんはあなたの味方だからね。これからも何かあったら、すぐお母さんに話してね」。

このように言ってくれる親なら、子どもは安心して生活できます。うそをつく必要などなくなります。

ケース10 食べ物の好き嫌いが多い

↓一番大切なのは楽しい食事と食卓

食べ物の好き嫌いをなくしたい、何でも食べる子になってほしい、というのも親の願いの一つでしょう。偏食を直さないと、将来、人間関係でも好き嫌いをするようになるとか、困難なことから逃げ出す人間になるとか、わがままな人間になる、などということを言う人もいます。でも、安心してください。そんなことありません。考えすぎです。

好き嫌いはもちろんないほうがいいですし、少ないほうがいいのですが、必ずしも子どものうちに直さなくてはならないというほどのことではありません。ですから、「そんなにわがままを言うなら、食べなくていい」と強圧的に叱りつけるのはやめましょう。その前にできる工夫をして、それでもダメなら目をつぶってあげればいいのです。

まず**料理の工夫が大切**です。みなさんすでにやっていると思いますが、嫌いな物を小さく刻んだり他の好きな物と組み合わせたりということですね。親子で一緒に料理を作るのも効果的です。また、野菜などを自分で育てるというのもいいですね。自分で育てた野菜なら愛着がわきますし、それを使って親子一緒に料理したら楽しいですね。こうして偏食を克服した例はたくさんあります。

啓発も重要で、**「野菜にはどんな栄養素があって、どれほど身体にいいか」**などについて話してあげたり、絵本や映像で見せてあげたりします。

でも、こうした工夫をしても、どうしても食べられないこともあります。そういうとき、罰を与えたり叱ったりして無理やり食べさせるようなことは絶対にやめましょう。

私が聞いた話では、小さい頃バナナを無理やり食べさせられて、大人になってもバナナ嫌いという人もいます。私自身、給食によく出るマーマレードが苦手で食べられませんでした。ところが、大学生のときにレストランで食事中にマーマレードが出て、試しに食べてみたらおいしかったのです。「えっ、こんなにおいしかったの」と思って、その店で二瓶買って帰りました。このように、大人になっていく途中で味覚が変わり、自然に食べられるようになることはよくあるのです。

ある女の子は、グリーンピースが大嫌いで、弁当に入っていてもすべて選り分けて捨てていたそうです。ところが、高校のときにうっかり持ち帰ってグリーンピース嫌いがばれてしまいました。次の日から、お母さんは好き嫌いを直そうと、毎食グリーンピースを出すようになりました。女の子は仕方なくそれを食べ、何とか食べられるようになったそうです。でも、お母さんとの関係がおかしくなってしまいました。

いま、その子はもう大人ですが、やっぱりお母さんが怖くて、できるだけ一緒にいたくないと言います。一緒にいると妙に緊張してしまうそうです。グリーンピースを無理やり食べさせられたことがトラウマになっているのでしょう。いくらそれが食べられるようになっても、親子関係が壊れてしまったら何の意味もありません。

無理やり強圧的に押しつけられると、親に対する恐怖感とともに、自分に対する無力感を持つようになります。ノーと言えない自分の弱さを痛感し、それが無力感につながってしまうのです。せっかく楽しいはずの食事の時間が苦痛になり、生きる楽しさも味わえなくなってしまいます。そこまでして、偏食を直す必要はありません。

それよりも明るく楽しく食事をして、子どもが喜ぶ物をたくさん食べさせてあげてください。それが素直な親の愛情です。そうすれば、食卓を囲む時間が楽しくなり、食べることに喜びを感じ、生きる喜びを味わえます。

食べ物の好き嫌いだけなく、食事の量についても同じです。全部を残さず食べるよう強制する親はけっこういますが、食べられる量についてはかなり個人差があります。さらに、そのときどきの身体や心の状態によっても違ってきますから、親といえども他人がとやかく言えるものではありません。

「食べ残すなんてもったいない。世界には食べたくても食べられない人たちがいるんだから、残さず食べなさい」と言う人もいます。こういう大人の理屈は正論過ぎて、子どもは反論できません。でも、もし大人であるあなたが、もうこれ以上は食べられないというときに、このようなことを言われたら無理して食べますか？

私なら、断固拒否します。あなたもそうするはずです。でも、子どもには断固拒否する力がないのです。無力な子どもに、その体質、体調、精神状態などを無視して、無理に食べさせるのは暴力、虐待、人権侵害と同じではないでしょうか。

学校給食も指導の名の下に、多くの子どもたちを強制して苦しめてきました。給食が原因で学校が嫌いになったり、不登校になったり、人間不信になった人も少なくありません。完食できないというたったそれだけのことで、先生に叱られ、自分に自信を失い、自分が嫌いになった人も大勢いるのです。

現在は昔ほど強制的ではないですが、いまでも先生によっては「残さず全部食べようね」と指導する人はたくさんいます。もし、我が子が学校でそんな問題を抱えていたら、親は担任と相談して助けてあげてほしいと思います。

ある小学校四年生の男の子の実例があります。その子は三年生まで学校が大好きで、毎日元気に登校していました。ところが、四年生になって、五月頃から登校をイヤがりはじめました。お母さんは心配になって、子どもからじっくりと話を聞き、クラスの他の友達や保護者にも聞きました。そうしたら、その子だけでなく他の子も給食で悩んでいることがわかったそうです。

担任の先生が給食指導に熱心で、日頃から「栄養士さんが四年生に必要な栄養を計算して作ってくれているのだから、食べ残すと栄養不良になる。がんばって食べよう」とか「食べ残すなんて、せっかく給食を作ってくれた人に申し訳ない。野菜を作ってくれた農家の人、魚を捕ってくれた漁師さんに申し訳ないと思わないの?」「世界には食べたくても食べられない人もいる。粗末にするんじゃありません」と、まさに正論を言っていたのです。

さすがに、強制的に口に入れるようなことはなかったようですが、子どもが「もう食べられません」と言っても、簡単には許さず、「もうちょっと食べられるでしょ。あと一口食べなさい」と執拗《しつよう》に言っていたようです。子どもは楽しいはずの給食がイヤになり、学校に行きたくないと言い出したわけです。

このようなときは、親は担任ときちんとして話し合いの場を持って、我が子の食が細いこと、給食が気になって学校へ行くのがイヤになってきていること、食事の量を減らしてもらいたいこと、「残していい」にしてもらいたいことなどを伝えてください。もちろん先生とけんかするということでなく、大人の交渉術でうまくやってください。苦しんでいる子どもを助けてあげてください。

なお、話は少し変わりますが、食べ物の話のついでに触れておきたいことがあります。食物アレルギーについて意外と無頓着《むとんちゃく》な親や先生がいますが、これは子どもの命に関わることなので、家庭と学校がよく連絡を取り合って細心の注意で臨んでほしいと思います。

ケース 11

あいさつができない

↓いまは目をつぶってよいところを伸ばす

あいさつは人間関係の潤滑油ですから、子どもにも大きな声でしっかりあいさつをしてほしいと親は思います。実際、あいさつのできる子は大人から見てしっかりしていると見えるものです。では、あいさつができるようにするためにはどうしたらいいのでしょうか？ここでも大事なのは、親ができることはしてあげて、それでも無理なら目をつぶるということです。

まず、何と言っても親が家庭においてあいさつの見本を見せてあげることです。**「おはよう」「いただきます」「ごちそうさま」「いってきます」「ただいま」「いってらっしゃい」「おかえり」「どうぞ」「ありがとう」「ごめんね」**など、明るく大きな声で言ってあげてください。当然ながら、子どもがあいさつできたらほめてあげます。**「いいあいさつね。気持ちがよくなるわ」「元気がもらえるよ」**。

次に啓発です。**「ニッコリ笑ってあいさつすると、自分も気分がよくなるよ」「気持ちの**

いいあいさつをすると、まわりもいい気持ちになるよ」と、あいさつのよさを教えます。

近所の人に会ってもあいさつができない子もいます。そういうときは、**「頭だけぺこりと下げよう」**とハードルを下げるのもいいでしょう。**「お母さんと一緒に頭を下げよう」**と一緒にやるのもいいかもしれません。少し会釈できたら、**「ぺこり、できたね。あいさつできたね。その調子」**とほめてあげます。

しかし、あいさつができないからといって、「あいさつしなきゃダメでしょ。何度も言っているのにダメね」「隣の○君はちゃんとあいさつできるのに、お前はダメだね」とは決して言わないでください。

内向的で引っ込み思案の子は、気持ちはあってもなかなかあいさつができないものです。そういうときは目をつぶってあげましょう。

あいさつは苦手でも、その子にはいろいろといい点があります。それをほめてあげると、だんだん元気が出てきて、あいさつできるようになる可能性も高まります。子どもの頃はできなくても、大きくなるうちにだんだんできるようになるので、長い目で子どもを見てあげてください。

こういう例もあります。親戚の集まりで、同年代の女の子は「みなさん、こんにちは。

お久しぶりです」と立派なあいさつができたのに、ある男の子は内気で恥ずかしがり屋なので、もじもじしているばかりで何も言えません。そのうち、長老格のおじいさんに「○子は立派なあいさつができて、しつけがいいな。○男はどうした。お前も言ってみなさい」と催促されてしまいました。

あなたがその子のお母さんならどうしますか。「まったく、うちの子はあいさつもできなくて恥ずかしいです。○子ちゃんはすごいね。○男も見習わなきゃダメでしょ」などと言いますか。このような他の子との比較は子どもが一番嫌うことです。○子ちゃんをうらむことにもなりかねません。

こういうときは、おじいさんの催促をスルーして**話題を変える**のが一番です。こういう場でからかわれたり叱られたりして、余計に自信をなくさせるのは避けたいところですから、別の話題を振って関心をそらしましょう。窮地の我が子を助けてあげてください。親が子どもを守らなくて誰が守るのでしょう。

この男の子のように内気であいさつが苦手な子はけっこういます。でも、そういう子ほど心が優しかったり、感性が豊かだったりします。そうしたいい点を伸ばすようにしましょう。間違っても無責任な親戚と一緒に子どもをからかったり、叱ったりすることはやめましょう。

私が以前、近所のスーパーで教え子の男の子とその妹とお母さんにばったり会ったとき、こんなことがありました。妹のほうは私の教え子ではないんですが、「先生、いつもお世話になっています」と驚くほど立派なあいさつをしました。ところが、お兄ちゃんはこういうことが苦手でできません。そうするとお母さんは叱るわけです。「もじもじしてないで、あいさつしなきゃダメでしょ。何度言ったらわかるの。まったく情けないわね」と。

私はいいんですよと言ったんですが、こういうとき親としては叱らずにいられないんですね。「しつけができない親だと思われたくない」ということだと思います。

でも、こんなことで子どもをいじめる必要はありません。「すいません、うちの子は恥ずかしがり屋で」みたいなことも言わなくていいです。あいさつ以外の別の話題に切り替えたり、「いつもありがとうございます。先生に受け持ってもらって、毎日楽しそうです。また、よろしくお願いします」とちょっとお世辞を言って、別れればいいんです。

ケース
12

決めたことを続けられない

↓親が毎日見届けられるかがポイント

三日坊主は子どもの常ですが、それでも勉強や習い事など何か決めたことは続けてもらいたいと親は思います。「継続は力なり」と言いますが、「言うは易《やす》く行うは難し」でもありますからね。

まず継続させるためには、学年が変わる三～四月の節目が大事です。どんな子も新しい学年になったらがんばろうと思っているからです。そのやる気を高めてあげましょう。

親子で楽しく去年一年間のことを振り返りながら、楽しかったこと、思い出になったこと、がんばったこと、できるようになったこと、成長したこと、失敗したこと、悔しかったことなどを話し合います。もちろん、がんばったことなどはほめてあげ、失敗や悔しかったことには共感してあげましょう。

実は親も子も当たり前と思っていることが、一年間の成長の表れであることも多いのです。改めて子どものがんばりや成長を自覚させ、自信を持たせましょう。

その次に、新年度でやりたいこと、がんばりたいことについて話します。漠然と「漢字をがんばる」ではなく、「漢字検定三級に受かるために毎日漢字を五つ覚える」「ピアノの発表会で『ネコふんじゃった』を弾けるように毎日二〇分練習する」のように、**明確な目標（願いや夢）と、それを実現するための約束の両方を決めましょう。**

勉強以外でも、「片づけをする」ではなく、「部屋がきれいになるように毎日五時半から五分間は片づけをする」とか「お母さんの手間を省くために、毎食後使った食器は自分で流しに運ぶ」などと、具体的に決めます。

決めたら、それを紙に書いて、目につくところに貼ります。そのとき、実行する期間を書いておくのもいいでしょう。たとえば「〇〇を八月三一日まで続ける」のように、期間を決めたほうががんばれることもあります。

やることが決まったら、「がんばり表」を作ることをおすすめします。自分でできた日は花丸、言われてできた日は普通の丸を付けます。

それと同時に大切なのが、親が毎日見届けることです。見届けとは、子どもがちゃんとやったらほめ、忘れていたらやらせてからほめることです。任せっぱなしにすると、いつの間にかやらなくなります。

子どもがやっていなくても、「また、やってない。やらなきゃダメでしょ」などと言う必要はありません。**「さあ、いまからやろう」「一分以内にはじめるよ。用意、ドン」「お母さんも手伝うから一緒にやろうか」**と明るく促してください。

この見届けが毎日できれば、子どもは続けられます。実は親の見届けが続かないことが最大の問題なのです。親のほうが続かないのですね。お決まりのパターンは、だんだん見届けが少なくなり、子どももやらなくなって、ある日突然、親が思い出して叱るという流れです。これはやめましょう。子どもが続けられないのは親の責任と思ってください。

大切なことは、親子で話し合って目標を決めたときに、親のほうが「絶対成功させて、子どもに自信をつけさせてあげよう」と決意することです。

そのために、子どもの「がんばり表」だけでなく、**親の「見届け表」も作りましょう。**親が見届けたら、丸を付けるだけです。つまり、これは親の「見届けがんばり表」です。手帳を使っても、パソコンでオリジナルのチェック表を作ってもいいでしょう。携帯電話やスマホのアラームを活用する手もあります。見届けをする時刻にアラームが鳴るようにセットしておくのです。このように、親自身が確実に見届けを続けるための工夫をしてください。

ケース
13
ゲーム・テレビ・スマホをやめられない
↓ルールを親子で一緒に作り、親も守る

子どもがゲームをやり過ぎる、テレビを見過ぎる、などに悩んでいる人は多いでしょう。最近はスマホですね。スマホのコミュニケーションツールであるＬＩＮＥやオンラインゲームにはまってしまう子どもも多いようです。

これらについては、何と言ってもルールを作ることが大事です。問題はルールの作り方です。多くの家庭は「一日○分だよ。わかったね。約束だから守りなさい」となってしまいますが、一方的だとやはり子どもは守りません。まずは、上から目線ではない対等の立場で本音を語り合うことが大切です。

まず、子どもに本音を言わせます。「だって、みんなやってるよ。ゲームもＬＩＮＥもやってるし、やらないと俺だけ仲間はずれになっちゃう」「だって、このゲーム面白いんだもん」という本音を共感的に聞いてあげます。

「確かに面白いし、みんなやってるとやりたくなるよね」「一人だけやらないというのも、

なかなか難しいかも…」と共感し、決して否定してはいけません。子どもには子どもなりの理由も事情もあるので、それを聞くことが第一歩です。
次に親の本音を言います。**「そうは言っても、心配なんだよ。毎日こんなにやっている**
と勉強も寝る時間もなくなっちゃうよ」と心配する気持ちを伝えたり、**「スマホのLIN**
Eから個人情報が盗まれて、だまされる恐い事件も起こっているよ。たとえば、こういう
こともあったよ…」と具体的な事件などの情報を伝えて、その危険性についても話してあげます。

子どもははじめに共感的に聞いてもらっているので、親の話も共感的に聞いてくれます。
そこで、お説教せず、お互いにわかり合うことが大事です。こういう話し合いの時間をしっかり持ってください。

そして、**「じゃあ、ルールを決めよう」**と持っていきます。子どもも野放しでいいとは思っていません。ある程度のルールは必要だと思っています。そこで、交渉がはじまります。子どもはゲームを二時間やりたいと言うかもしれませんが、「それは取り過ぎだな、せめて一時間にしよう」などとこちらの考えも伝え、だんだん着地点を見出していきます。
その他にも、やる場所、時間帯、条件など、必要なことがらについて話し合います。勉強後にやるとか、食事中は触らないとか、寝る一時間前には触らないとか、子ども部屋に持ち込まないなど**ルールを決めたら、それをホワイトボードに書いて、見えるところに置いておきます。**明文化しないと消えてしまうので、形に残すことが重要です。

こうしたステップを踏めば、子どももルール作りに関わっているので、守らなくてはという気持ちが強くなります。後は、やはり見届けが大事です。ちゃんと守れているか毎日チェックし、がんばり表や見届け表を付けます。守れていたらほめ、守れていなかったら守るように注意します。

見届けしていて、どうしても現実に合わないルールが出てきたら、もう一回話し合いをして書き直しましょう。ですから書き直せるように紙よりはホワイトボードのほうがいいのです。

親とすれば、この問題は面倒くさいし、できれば避けたいと思うでしょうが、これは現代的な子育てや教育上の重要なテーマなので、積極的に取り組んでほしいと思います。これから子どもたちが成長していく過程で、いまのものよりもっと魅力的で、もっと面白い、もっと刺激的な何かが必ず出てくるはずです。そういうときに、それを使いこなせる能力が必要になります。

それは自己管理能力ですね。自分の欲望との闘いなのです。ですから試行錯誤しながら、ときには失敗もして自分の欲望と魅力的なメディアとの付き合い方を学んでいくことが大事です。

テレビばかり見ていて困るようなら、やはり一日○時間まで、一週間で○時間まで、土日は特別に○時間までといったルールを作ることが大切です。計画的に見るためのルールも必要で、週間テレビ番組表で見たいものに丸を付けておくとか、見たい番組は録画してから見るなど、ダラダラ見るのは避けましょう。**テレビの消し方もあって、見たい番組が終わったら五秒以内にすぐ消すことです。**勉強しながら、食事しながら、支度をしながらなどの**「ながら見」はしません。**こうしたことは親も一緒に実践しましょう。子どもだけに上限時間を設けて、親が見放題では理不尽でしょう。

見るための条件を付けて、宿題やお手伝いが終わってからとか、録画しておいて宿題が終わったら見るなど、**ごほうび化**してもいいでしょう。前述したように、テレビに風呂敷をかけておいて、宿題が終わったら見るという手もあります。見届け表やがんばり表でルールが守れたかどうかチェックすることも大事です。

チケット方式にして、テレビを見るときはチケットと引き替えにするのもいいですね。

例えば、一週間に見る時間を一四時間と決めたら、週のはじめに三〇分券を二八枚渡し、テレビを三〇分見るごとにチケットと引き替えます。こうすると、残り時間が自分でわかるので、考えて見るようになります。

先ほど言ったようにルールを決めたら、ホワイトボードに書き出し、毎週見直すようにしましょう。現実離れし過ぎたルールだとすぐ守られなくなり、親がまた叱ることになります。

最後に付け加えると、ゲームやスマホにのめり込んでしまうのは、代替物がないからということもあります。絵、ブロック、粘土、工作、プラモデルなどの創造的な遊び、カルタ、トランプ、ボードゲーム、将棋、囲碁などの知的な遊び、スポーツなど身体を思い切り使う遊び、あるいは自然体験などの機会を積極的に作ってあげましょう。

おじいちゃんに釣りに連れて行ってもらったら、一回で気に入ってしまって、熱心に釣りをするようになった子もいます。それだけで、ゲームをする時間が減ります。自然体験は子どもにとって魅力的ですよ。ブロックをはじめてゲームをあまりやらなくなったという子もいますし、将棋に目覚めて夢中になった子もいます。そうした代替物を用意してあげることが大切です。

以上、いろいろな悩み別、場面別に対策法をお教えしましたが、まだまだいろいろな悩みがあることでしょう。いずれにも共通するのは、子どもの立場に立って一人の対等な人間として付き合うことです。とがめない、非難しない、否定しない、ということが大切です。そして、共感してほめたりしてあげるということです。我が子を信じてあげてください。

話し合って決めたことは親も守りましょう。子どもが守らなくなるのは親が守らないからであることがほとんどです。人に命じるだけで、自分はおかまいなしでは暴君と一緒です。恐怖で押さえつけていられるのは小さな子ども時代だけ、大きくなったら二度と寄りつかなくなります。

どんな悩みも問題点に対しても、子どもとの人間関係をよくしながら臨むことが大切です。人間関係を悪くしてしまうと、後になって大きな後悔をすることになりますから、気をつけてください。

第3章

子どもの心が離れていく！

やってはいけない「叱り方」

子どもは四六時中叱られている

第1章と第2章では、どうすれば叱らずに子育てができるのか、その基本的な原則や工夫の仕方についてお話ししました。本章では、それらの工夫をしないまま叱っているとどんな弊害があるのか考えていきたいと思います。

まず、みなさんにわかってもらいたいことがあります。それは、子どもたちは四六時中叱られているということです。お母さんもお父さんも、**日常的な子どもへの声がけがそもそも叱り口調になってしまっている**のです。

叱るパターンはだいたい決まっていて、それは朝からはじまります。

「何時だと思ってるの」「自分で起きなきゃダメでしょ」「いつも起こされて、何年生だと思ってるの」「時計が見えないの」。

次に「顔を洗わないとダメでしょ」「洗面所を汚しちゃダメ。ちゃんと後始末しなさい」。

食事中も「好き嫌いしちゃダメでしょ」「口の中に物を入れてしゃべるんじゃありません」「食べてるときに肘をつかない」「足をブラブラさせちゃダメ」「かむ音が汚いんだよ、お前は」「テレビばっかり見てないで、箸を動かしなさい」「ほらほら、こぼした、こぼした。ちゃんと拭かなきゃダメでしょ」など、お叱りのオンパレードです。

着替えて登校するときも「早く着替えなきゃダメでしょ。遅刻するわよ」「ほら、ボタンを掛け間違えてる。ダメねぇ」。

帰宅すればしたで、「なんなの、この靴の脱ぎ方は。そろえなきゃダメでしょ」。続いて「なんで、自分でうがいと手洗いができないの」「宿題をやらなきゃダメでしょ」「すぐにマンガを読まないの。そんなの後にしなさい」と言われ、ようやく勉強をはじめても「なんなの。この字は」「もっと丁寧に書かなきゃダメでしょ」「ほら、繰り上がりの計算がまたできてない。何度言ってもダメな子ね」と叱られます。

ようやく、宿題も終わり、ホッとして遊べる時間が来ても、「寝そべって、ゲームなんかやらないの」「なんでおもちゃをそんなに散らかすの。出したらしまうんでしょ」。

夕食時も「お行儀が悪い」「お茶碗はちゃんと手に持たなきゃダメって言ったでしょ。何度も言わせないでよ」と言われます。お風呂も寝る前もずっとこんな調子です。みなさんも、こんな言い方をしていませんか。いくつか心当たりがあるのではないでしょうか。

親は注意やしつけだと思っていても、子どもは親から否定され、とがめられ、だんだん悪い自己イメージを持つようになります。

こんな叱り方、していませんか？

親のひどい言葉や暴言を分類すると、**「否定型」「詰問型」「罰則型」「比較型」「人格否定型」**の五つに分けることができます。

否定型は「○○してないじゃない、やらなきゃダメでしょ」のように「ない」や「ダメ」を使う言い方です。

詰問型は、「なんで○○しないの？」あるいは「なんで○○するの？」「何度同じことを言わせるの？」などです。質問する形になっていますが、本当は叱っている言葉です。親は答えを期待しているわけではありません。ところが、子どもは質問に答えるために「だって、○○だもん」と言うことがあります。すると、親は「言い訳するんじゃありません」「なんで、言い訳するの？」とまた叱ってしまいます。仕方なく黙っていると、「なんで黙ってるの？」となります。

罰則型は「○○しないと、○○するよ」と罰を与える言い方です。「片づけないと、おやつ抜きだよ」とか「勉強しないと、ゲームを取り上げるぞ」などの叱り方です。

比較型は、子どもが一番嫌う言い方です。「妹はちゃんとできるのに、なんであなたはできないの」「隣の○ちゃんはあいさつが上手なのに、お前はダメね」と、きょうだいや他の子と比べて叱る言い方です。

人格否定型は最悪です。これは子どもの人格を攻撃する言い方です。例えば、「また片づけしてない。何度言ったらわかるの。本当にずるい子だね」「なんでお姉ちゃんなのに優しくできないの。意地悪なお姉ちゃんだね」「情けない奴だなぁ、お前は」「卑怯な子だね」「どうせお前になんか無理だよ」などです。決して、かわいい我が子に遣う言葉ではありません。

叱ることには6つの弊害がある

こうした人格否定型の叱り方をする親はそれほど多くないとは思いますが、否定型、詰問型、罰則型、比較型の言い方は日常的にあるでしょう。みなさんも自分の子どもについ先ほど挙げたような言い方をしてしまっていませんか。

こうした言い方で叱っても、改善することはありません。改善するどころか、副作用による弊害がたくさん出ます。

まず第一に、**否定的に叱られると、その叱られた内容について自信がなくなります。**つまり、勉強について否定的に叱られると、勉強に苦手意識を持つようになります。片づけについて叱られると、片づけがますますイヤになります。きょうだい仲を叱られるときょうだい仲がかえって悪くなります。

その理由は「吊り橋効果」という心理学の理論で説明できます。これは、カナダのダットンとアロンという心理学者が発表した理論ですが、揺れる吊り橋と揺れない普通の橋で比較実験したところ、揺れる吊り橋を一緒に渡った場合は男女間で好意的感情を抱きやすいということがわかったそうです。

なぜそうなるかというと、本当は怖いからドキドキしているのですが、この人が好きだからドキドキしていると脳が勝手に勘違いして、相手に好意を抱くようになるからです。

私は、東京大学教授で脳の専門家である池谷裕二さんの講演でもその話を聞きました。池谷教授が言うには脳は常にこのような勘違いをしているそうです。

私はその話を聞いて親子でも同じだと思いました。例えば、「勉強しなきゃダメでしょ」「この前教えたのに、なんで同じ間違いをするの」など、勉強について否定的に叱られたとします。すると、子どもは不愉快になります。そのような否定的な言葉が不愉快なのです。

でも、勉強について叱られているので「勉強って不愉快。つまらない」と思ってしまうのです。本来は、勉強の中身そのものとは関係ない親の否定的な言葉によって不愉快になったのですが、そこで勘違いが起きて「勉強って不愉快」になってしまうのです。

ですから、**「うちの子は勉強が嫌い。やる気がない」と言う親は、子どもが勉強をしているときに否定的な叱り方をしている可能性が高いと思います。**しかし、自分ではなかなか気づかないことが多いようです。

弊害の第二は、**否定的に言われると子どもは自分がとがめられたと感じて、心の窓が閉まり素直になれなくなる**ことです。

親はとくにとがめているつもりはないかもしれません。「○○しないとダメ」がただの口癖になっているのです。しかし、言われたほうは自分がとがめられたと感じます。

すると、親の言っていることが正しいと頭ではわかっても、素直に聞く気になれなくなります。そういう不愉快さが積もれば積もるほど、「何くそ、聞いてやるか」という気持ちになってきます。

さらに積もると、子どもの中に疑惑が出てきて、「僕はお母さんにあまりよく思われていない」「僕はお母さんに嫌われているのかなぁ」という気持ちになって、ますます素直になれなくなります。

こうした愛情不足感や不信感を抱くと、愛情確認行動に走ります。まず親に心配をかけるような危険な行為をするようになり、ケガをする確率が高くなります。もう一つは反社会的な行動をするようになります。お店の物を万引きしたり、落書きしたり、物を壊したり、弟や妹をいじめたり、クラスの弱い子をいじめたり、などです。親が心配する姿を見て、愛されていることを確認したいのです。

親に不信感を持ってしまうと、他の人間関係も不信感を土台に作るようになりかねません。つまり他者不信です。他者不信に満ち満ちている子はいますよ。そういう子はいい友達関係をなかなか作れません。被害妄想的な面もあり、友達とちょっとぶつかっただけで、因縁を付けてけんかをしやすい。いつも親に攻撃されているから、自分を守らなければという意識が強いのですね。反対に、親の愛情への信頼感に満たされている子は、友達とぶつかったぐらいでキレないし、「ごめんね、だいじょうぶ」と自分から言うことができます。

第三に、**否定的に叱られていると自分に自信がなくなります。**よく叱られている子ほど、「どうせダメだよ、俺なんか」「無理」「できない」「やれない」という言葉を遣います。自己肯定感がなくなるので、勉強でも運動でも遊びでも、「できそう」と思えなくなりチャレンジ精神がなくなります。たとえ取り組んだとしても、ちょっと壁にぶつかると「ああ、やっぱり無理」「ダメだと思ったけど、やっぱりダメだ」とあきらめてしまうので、伸びなくなります。生きるエネルギーが奪われてしまうということですね。

第四に**キレやすくなり、トラブルを引き起こす危険性が高まります。**家で朝叱られると、気持ちがモヤモヤしてうつむいて歩くので、自転車、自動車、バイクなどとぶつかりやすくなります。学校でもちょっとしたことでキレて友達とけんかになります。モヤモヤした気分では授業にも集中できません。学校の授業は毎時間新しいことを学ぶわけですから、相当な集中力が必要なのですが、いつもイライラモヤモヤしていたら学力も落ちます。

先生が朝の教室で子どもを迎えるとき、いつも元気に「おはよう、先生」と言う子が暗い感じで入ってくると、「ああ、なんかあったな。叱られたかな」とわかります。そういう子に対しては、話しかけて共感的に話を聞くなど早めにケアします。すると、「今朝、お母さんに怒られちゃったー」などと言うので、「あ、そう。イヤだったね」と共感してすっきりさせてあげ、トラブルやケガを防ぐようにします。

第五ですが、**きょうだい間で比較して叱るときょうだい仲が悪くなります。**親がきょうだいを比較して叱った結果、一生涯にわたって不仲になることもよくあります。介護や相続のときなどに、一気にたまっていたものが吹き出してもめることもあります。

「お兄ちゃんはだらしないけど、妹のあんたはしっかりしているね」とほめるのもいけません。妹が兄をさげすむ気持ちを持つようになると同時に、「私がいないところでは逆にお兄ちゃんをほめているのかもな」と思い、親の言葉に疑心暗鬼になります。

第六に、親の言葉は丸ごと子どもに移ります。**親が否定型、詰問型、罰則型などの言葉を遣っていると、子どもも友達やきょうだいに対して同じ言葉遣いになります。**

「ちゃんと片づけないと、おやつを食べさせないよ」といった罰則型の言い方をしている親の子どもは、友達に対して「お人形持ってこないと、遊んであげないよ」などの意地悪な言い方になってしまいます。友達が教室で分度器を忘れたというと、「ダメじゃん、あんた。しっかりしなきゃダメでしょ」と言う子もいます。それはきっと普段から親にこういう叱り方をされているのでしょう。

親が京都弁なら子どもも京都弁になり、親が否定語弁なら子どもも否定語弁になります。この当たり前の事実に気づいていない人が多いように思います。

学校でも、半年ぐらい同じクラスで教えていると、子どもたちは教師の口癖を驚くほど真似ます。私も「ああ、自分の話し方と似てきたな」と思ったものです。まして親でしたら、何年にもわたってシャワーのように言葉を浴びせるわけですから、影響が出るのは当たり前です。これは実に大きな弊害です。

「言葉以外」の方法で叱ることの問題点

私は体罰という暴力については絶対的に反対です。**叩く、つねる、小突く、室外に出す、押し入れに閉じ込める、食事抜きにするなど、これらは暴力であり虐待です。絶対にするべきではありません。**

日本では、いまだに、「愛のムチなら叩いてもかまわない」「叩くことが子どものためだ」「口で言われてわからないなら、体罰もある程度やむを得ない」という考えの親、教師、スポーツ少年団や部活動の指導者が少なからずいます。でも、**口で言われてわからないな**

ら、叩かれてもわかるはずはありません。

先日のことですが、ある店のスマホコーナーで、二歳ぐらいの子どもを連れた親がスマホを選んでいる場面に出くわしました。まだ小さいですから、いろいろな商品に触るわけです。すると、その親がすぐ子どもの頭を叩くのです。「触っちゃダメでしょ」と、ペチンと叩きます。また触ると、また叩きます。

口で言われてわからない子には、当然、叩かれる意味もわかりません。そうすると、子どもの心の中では意味もなく叩かれたということになるのです。これによって、自分を取り巻く世界は怖いものだと思うようになります。意味もなく叩かれるのですから。子どもは漠然とした不安を引きずるようになります。

しかも、叩かれる自分というものは価値がない存在だと感じるようになってしまいます。ですから自分を大事にしなくなります。親に対する恐怖心や不信感が高まり、他者不信にもつながります。

私が大学時代にアルバイトで知り合った人は、私が手でメガネを上げようとすると、必ず頭をすくめて手で身を守る姿勢をするのです。条件反射のように必ずそうします。おかしいなと思って理由を聞くと、子どもの頃、食事をしていて横に座っていた父親からことあるごとに叩かれたそうです。「箸の持ち方が悪い」「食べ物をこぼすな」などと言われながらです。「それで、いまだに隣にいる人がちょっと手を上げただけで自動的にそういう姿勢になる。本当は隣に人がいるだけでも落ち着かない」と言っていました。私は驚きました。それほど、叩かれることの恐怖を人は引きずるのです。

昔ですから、星飛雄馬のオヤジさんのような父親が多かったわけです。ちゃぶ台をひっくり返して、「うるさい」と殴りつけるような感じですね。昔は封建主義で当たり前のように思われていたかもしれませんが、暴力はトラウマとして子どもに長く残ります。

体罰を与えると、表面的には言うことを聞くようになったと思えますが、副作用としての弊害が大きいのです。そのことは、世界中でおこなわれている数多くの精神医学の実証的な研究によっても明らかになっています。

叩かれることで、子どもは「自分は価値がない存在だ」と感じるようになり、自分の存在や能力に対して否定的な感情を持つようになります。「自分なんかいないほうがいい。どうせ僕なんかダメだ」と、自己否定感を持ってしまいます。そうなると、何事においても「できる」と思えなくなり、「やってみよう」という意欲がなくなります。つまり、**チャレンジ精神や向上心がなくなり、無気力に陥る**のです。

また、叩かれた相手に対する恐怖感や不信感が心の傷やトラウマになり、人に対して漠然とした恐怖感や不信感を抱くようになり、人間関係をうまく作れなくなることがあります。**叩かれ続けると、それによって攻撃性が強くなります。自分を守らなければ」という被害妄想的な意識が強くなり、それによって攻撃性が強くなります。**

叩いたのが親であれば、子どもは親の愛情を疑うようになり、「自分は親に大切にされていない。愛されてない」と思うようになります。親の愛情を実感できないと、愛情を確認したいという衝動に駆られ危険なことや反社会的なことに走って、無意識に親に心配をかけようとします。親が心配する姿を見て、「こんなに心配してくれている。愛されている証拠だ」と実感したいのです。

どんな理由があっても叩かないでください

ちゃんと約束をしたら叩いてもいいと言う人がいます。「○○をしたら叩くよと約束して、本人が納得した上で叩くならいい」というわけですが、これも勘違いです。これは、**ちゃんとした理由があれば叩いていいと教えているようなもの**です。そして、理由などいくらでもつくれます。

また、こんなことを言う人もいます。「痛くないように軽く叩くならいい」「お尻なら叩いていい」「叩いた後で抱きしめて、たっぷり甘えさせてフォローすればだいじょうぶ」「友達を叩く子には、叩かれたときの痛みを教えるためにも叩くことが必要」…など。これも勝手な大人の理屈であり、すべて間違っています。

叩くという行為は、相手の尊厳を否定することです。痛くない程度とか、お尻ならいいという問題ではありません。叩いた後に抱きしめて甘えさせても、恐怖と不信は消えません。自分を守るために親の顔色をうかがうようになることでしょう。

叩かれたときの痛みを教えるという考えもナンセンスです。叩かれれば痛いことなど小さい子でも知っています。

繰り返しますが、事前に約束していれば叩いていい、しつけのための愛のムチなら叩いていい、などといって叩くのは、「理由があれば叩いていい」と教えているようなものです。そして、よく叩く親が理由をいろいろ見つけるように、子どもも叩く理由をうまく見つけるようになるでしょう。

そうではなくて、「どんな理由があっても人を叩いてはいけない」ということを、親が自らが手本になって教えるべきなのです。

我が子を虐待して逮捕された親は、必ずしつけのためだったと自分の暴力を正当化しようとします。しかし、暴力を正当化することはできません。どんな理由があっても暴力は許されないのです。

中には「自分はかつてコーチに叩かれたことでがんばれた」と話す人もいます。中学や高校でスポーツに打ち込んでいるとき、挫折しかけたけれどもコーチが叩いてくれたおかげでがんばることができた、というわけです。

先日も、ある講演で出会った男性が、「子どもの頃から野球をやっていて、監督やコーチによく叩かれたけれど、そのおかげでがんばれた」と言っていました。

昔は体罰が黙認されることも多く、そういう体験や思いを持つ人たちも多いと思いますが、実は自分自身で体罰の弊害に気づいていないことがあります。

欧米や日本で、「乳幼時期や小・中・高の子ども時代に叩かれて育つとどうなるか」を調べる研究がたくさんおこなわれています。そこで明らかになってきたのは、攻撃性が高くなる、非行などの反社会的行動に走りやすくなる、精神疾患の発症リスクが高くなる、言葉の発達が遅れる、社会性の発達が遅れる、などの弊害です。

この他にも、自己肯定感が持てなくなる、他者不信に陥りやすくなる、重要な場面で異常に緊張するようになる、枠を超えた自由な発想ができにくくなる、人間関係で縦の関係を非常に重視するようになる、上位者の評価を気にするようになる、などです。

大規模に調査するからそうした共通の傾向が見えてくるのであって、個人のレベルではわかりません。もともとの性格なのか、叩かれたことによる弊害なのか、個人レベルではわからないのです。「叩かれたおかげでがんばれた」と言う人も、自覚できない弊害やトラウマを引きずっている可能性が高いのです。

さて、ここまで書いてきたように、**親が思う以上に子どもは親の言葉の影響を受けています。**ついつい、否定的、詰問的に子どもを叱ってしまう人は、それがもう口癖になってしまっているのです。そういう人には、自分が子どもを叱る言葉を記録してみてほしいと思います。しばらく記録してみて、その言葉に意識的になれば、口をついて出る直前に止めることができるようになります。

まずは次ページのチェックリストでよく使う言葉をチェックし、自分の叱り方を振り返ってみましょう。そして、これからはもっと自分の言葉に対して意識的になるようにしてください。そうすれば、親子関係がよくなって自然に子どもも変わっていきます。

叱り方タイプ別チェックリスト

〈否定型〉

1	いつまでも寝てちゃダメでしょ
2	まだ顔も洗ってないじゃないの！
3	食事のときにテレビ見てたら食べられないでしょ
4	早く着替えなくちゃダメでしょ
5	早くしないと遅刻しちゃうでしょ
6	まだ宿題やってないじゃない
7	手を洗わなきゃダメでしょ
8	靴をそろえなきゃダメでしょ
9	ゲームばっかりやって！
10	早く寝なきゃダメでしょ

〈詰問型〉

1	なんで、早く起きないの？
2	いつになったら一人で起きられるの？
3	なんで、顔を洗う前にご飯食べるの？
4	どうして、あなたはいつもそうなの？
5	何度、言ったらわかるの？
6	なぜ、すぐに宿題ができないの？
7	なんで部屋を片づけられないの？
8	何度言ったらテレビを消せるの？
9	どうして、すぐに寝ないの？
10	いつまで起きてるの？

〈罰則型〉

1	早く起きないと食事抜きだよ
2	宿題が終わらないとあなただけ留守番よ
3	部屋を片づけないとゲームさせないわよ
4	テストで90点以上とらないと、旅行に連れて行かないぞ
5	ピアノの練習しないとおやつなしよ
6	お手伝いが続かないときはお小遣い減らすよ
7	静かにしないと口にガムテープ貼るよ
8	おもちゃを片づけないと捨てるよ
9	近所の人にあいさつできないと書き取り１ページだ
10	言うことを聞かないと、遊びに行かせないぞ

〈比較型〉

1	妹は片づけができるのに、なんであなたはできないの
2	○君はあいさつが上手なのに、あなたはダメね
3	お兄ちゃんは勉強できたのに、あなたはねぇ…
4	お兄ちゃんはわがままだけど、あなたは弟なのに偉いわね
5	妹のほうがしっかりしてるじゃない、あなたもがんばりなさい
6	○君は運動もできて勉強もトップクラスなのに、それに比べてあなたは…
7	お姉ちゃんみたいにあなたもちゃんと勉強できないの
8	親戚の○君はあなたと違って、いい学校へ入ったそうよ
9	お父さんもお母さんも算数ができたのに、どうしてあなたはできないんでしょ
10	お父さんは勉強が好きだったのに、お前はダメだね

〈人格否定型〉

1	また約束を破って、ずるい子だね
2	弟をいじめるなんて、意地悪なお兄ちゃんだね
3	また50点以下か、情けないやつだな
4	何度言ったらわかるの、頭悪いんじゃないの
5	またごまかして、あなたは卑怯ね
6	どうせお前には無理だろう
7	あなたなんかにできるわけないでしょ
8	本当に役に立たない子だね
9	お前なんか信用できないな
10	そんなうそつきに育てた覚えはないわ

子育てはなかなか親の思い通りにはならないものです。言葉を工夫することでびっくりするくらいうまくまわりはじめることもありますが、ときには、何回も何回も同じことを言わなければならないこともあります。

どうせ言わなければならないなら、否定的に叱ってお互いが不愉快になったり、親子係を悪くしたりするより、明るく楽しく肯定的に、言われるたびに親の愛情を実感できる言い方に変えていきませんか。それができなければ、せめて単純に促すようにしましょう。何か言う度に子どもをとがめていると、いいことはひとつもありません。

実際には、大人でも自分自身に何回も同じことを言っているはずです。「ケーキを夜九時半以降に食べるのは今晩を最後にしよう」とか「明日こそ、六時に起きてジョギングするぞ」「明日からは毎日腹筋三〇回を続けよう」などと、同じことを自分に何度も言っています。それでも、なかなかできません。それが人間というものです。

なかなかできないのが人間です。ですから、何度も明るく楽しく促し続ければいいのです。

第4章

「認める」ことからはじめよう

親も子どもも幸せになるヒント

「親の価値観」で子どもを見ていませんか？

子育ては、親が思った通りにスムーズにいくものではありません。いつまで経っても成長が見えないことも多いものです。そんなときでも親が気持ちをラクにして子育てができ、子どもも幸せな生活を送っていけるようになるヒントを、いろいろな角度からお話ししたいと思います。

私は教師時代から、どうして親はもっと子どもをほめてあげないのだろうと不思議に思っていました。親は子どもにやらせたいことがたくさんあって、しかも、自分の価値観という色眼鏡を通して子どもを見ています。

教え子でマンガを描くのが大好きな子がいました。マンガを描いて、それをホッチキスで留めて、本の形にして、友達に見せることに熱中していました。私は大いにそれをほめてあげましたが、家ではほめられるどころか叱られるだけだったようです。

もし、この子が算数のドリルに熱中していたら、きっと親も大喜びでほめていたでしょう。なぜなら、マンガは親の価値観に合わないけれども、算数ドリルは合うからです。だいたいにおいて、子どもが熱中するものは、親にとって価値のないものです。

しかし、長い人生で考えたとき、これは本当にもったいないことです。せっかくのほめるチャンスをみすみす逃し、子どもの伸びる芽を摘み取っているからです。いったん自分の価値観を捨ててみましょう。そして、子どもをほめましょう。子どもを伸ばすにはほめるのが一番です。**子どもは一つのことでほめられると自信がついて、他のことでもがんばるエネルギーがわいてくるのです。**

また、ほめられることで、親の愛情を実感できます。お父さんやお母さんがますます大好きになり、心が満たされて、きょうだいや友達にも自然と優しくなれます。

さらには、**ただほめるだけでなく、好きなことをもっと深められるように応援してあげてください。**絵が好きなら画集を買ってあげたり、美術館に連れて行ってあげたりなどです。子どもは親の応援がないと、他の子よりちょっと得意で終わってしまいますが、親が応援してあげれば、誰より得意になれます。これは本当に大きな自信になります。

また、好きなことに熱中して頭を使っているときに、思考力、理解力、記憶力、創造力、集中力などが鍛えられるというありがたい副作用もあります。つまり、頭がよくなって勉強に必要な能力も自然に養われるということです。

逆に、敢えて苦手なものをやらせることにはリスクがあります。たとえば、「音楽が苦手だから、習い事はピアノをやらせよう」「運動が苦手だから、サッカーをやらせよう」と考える親は多いです。もちろん、これをすべて否定するつもりはありません。苦手だったけどやってみたらできるようになったとか、それで自信がついたなどということもないわけではありません。でも、うまくいかずによけい自信をなくすこともけっこうあるのです。

なぜかというと、子どもは苦手なことだとやる気が出ません。そういったやる気のない姿を見ると、親はどうしても叱ってしまいます。そして、子どもは苦手な習い事のある日は朝から暗い気持ちになり、精神衛生上もよくありません。こういうことがきっかけでうつ的になる子もいます。子どものうつ病が増えていますので、こういうリスクを軽視するべきではありません。親は「あと一年だけがんばれ」と気安く言うことがありますが、子どもの一年間は大人の五～一〇年間ぐらいの重みがあります。イヤイヤ続けることのリスクには注意したほうがいいでしょう。

基本的には本人が好きなこと、やりたがることをやらせてください。習い事も途中でイヤになった場合は、やめ癖がつくなどと言わないで、次にやりたいことをやらせたほうがいいです。

もちろん、ケース・バイ・ケースですから一概には言えません。たとえば、「いままでずっと本人も喜んで一生懸命がんばってきた。才能的にも向いている。でも、いまちょっとした壁にぶつかってもがいている」という場合は、乗り越えられるようにもう少しがんばるのもいいかもしれません。

でも、その子に向いてもいないし本人のやる気もないのに、「一度やりはじめたことは続けさせなければ、やめ癖がついてしまう」などの理由で続けさせているとしたら、考え直してください。**「やめ癖がつく」というのは迷信です。**いくつやめたとしても、その後で自分にピッタリはまるものが見つかれば、子どもは「やめなさい」と言われてもやめません。

親子は上下関係ではなく対等な人間同士

頭でわかっていても、ほめたり肯定的な言葉をかけたりがなかなかできないという先生や親もいますが、やはり上下関係へのこだわりが強いのだと思います。本書で私が問題提起しているすべてのことに関わりますので、ここで強調しておきたいのですが、日本はいまだに封建主義を引きずっていて、**親子の上下関係に対するこだわりが強い**のです。

親がなんで子どもに頼んだりこびたりする必要があるのか、という気持ちを多くの人が持っています。私は、**基本的に大人も子どももすべて人間同士だという原点に立ち返ってもらいたい**と思います。すべての出発はそこからです。

みなさんの恋愛時代を思い出してください。一方的に相手を叱ったり命令したりなどしなかったでしょう。一番大事な人と最高にいい人間関係を作りたいと思い、そのために相手の気持ちを思いやりながら行動したはずです。

同じように、一人の人間である子どもと最高にいい人間関係を作り上げるには、相手の立場を思いやって言葉を発することが大切です。子どものためという言い訳に目をくらまされて傍若無人《ぼうじゃくぶじん》な振る舞いをするのはやめましょう。目の前にいる人間を人間として認めて、いい人間関係を作っていきましょう。

「ママの都合で悪いけれど」という言葉が出るのは、ちゃんと相手を一人の人間として認めているからこそです。子どもをリスペクトしているわけです。愛する我が子をリスペクトしましょう。そうすれば、自然といい言葉が出るようになります。

人間関係においては、こちらが相手をリスペクトすれば、必ず相手からも同じリスペクトが返ってきます。親子でも同じです。それを勘違いして、どっちが偉いのかわからせなければと高圧的に接していると、相手は侮辱されたと感じ侮辱しか返ってきません。

職場でも同じです。部下を手下のようにこき使う上司には部下は面従腹背《めんじゅうふくはい》で、リスペクトなどしません。部下を一人の人間として尊重する上司には部下もリスペクトを返します。

子どもとの会話にユーモア精神を発揮できるかどうかもリスペクト次第です。相手を自分より下だと思っていたら、命令ですみますから、ユーモアなど必要ありません。**子どもにユーモアを発揮できる大人は、子どもを対等の人間として尊重している人なのです。子どもは、本能的にそういうことを見抜いています。**だからこそ、自分たちを楽しませてくれる大人が大好きなのです。

学校でもそうです。先生だから許されると、権力を笠に着て教師がひどい言葉遣いをしていると、一年が終わって担任でなくなったときに、子どもたちから痛烈なお返しがあります。いままで仕方なく言うことを聞いていた子どもたちも、すでに担任ではなくなった先生には正直な反応を返します。廊下ですれ違っても目を合わせませんし、あいさつもしてくれません。顔を見かけると、パッと立ち止まって逃げてしまうこともあります。一方、子どもをリスペクトしてきた先生には、担任でなくなってからも、「先生、先生」と寄ってきます。

子どもは本能的かつ露骨ですから、教師は毎年そうしたシビアな体験をしています。そして、気づいた先生は自分を変えます。私も若かった頃はかなり感情的に叱っていましたから、そんな経験をしています。

あるときなど、一年中ずっと叱り続け、その当然の結果として子どもたちに完全に愛想を尽かされたことがありました。教え子たちとの人間関係が完全に崩壊し、このときは本当につらかったです。こうしたつらい経験から自分を変え、叱らない教え方を身につけていったのです。

教師は一年ごとに権力を失い、裸の王様になって試されるのですが、**親には裸の王様になる機会がありません。**ですから、ハッと気づいたときには子どもの親に対する不信感が積み重なって、取り返しのつかない事態になってしまうのです。

ある男子高校生は、大学進学のときに、叱られ続けてきた父親とはもう住みたくないというだけの理由で遠方の大学に行きました。人生のいろいろな節目で、それまでの鬱積《うっせき》が一気に吹き出すのです。

あるお父さんは、ともかく口やかましい人でした。あるとき、子どもが部屋の片づけをしないことを怒って、作りかけのプラモデルを二階の窓から捨ててしまったことがありました。「片づけなければ捨てるよって言ったのに、片づけなかったお前が悪い」と問答無用で捨ててしまったのです。子どもはそれ以来父親に心を閉ざし、成人したいまは家にも寄りつきません。年に一回、お母さんにだけは会いに来ますが、お父さんがいないときを確かめてやってくるのです。もう、お父さんと同じ空気を吸うのもイヤなのです。こうした例は少なくありません。

親子関係をよくすることは本当に大事です。関係がおかしくなると、子どもがやる気になったときに手助けもできません。子どもに「いまさら、なんだ」と言われてしまいます。また、思春期に非行などへの誘惑があったとき、いい親子関係ができていれば、親に心配をかけたくないと踏みとどまりますが、親子関係が悪いと逆に心配をかけるほうに踏み込みやすくなります。無意識のうちに、「こんな親なら心配かけてもいいや。いっそのこと心配させてやれ」「どれくらい心配してくれるか確かめたい」という気持ちが働くのです。

ですから、**子どものことを思うなら、親子関係を大事にしてください。**テストの点が上がろうが下がろうが、親子関係に比べれば些細なことです。

親に都合のいい「自動化」と「自立」は別物

身支度や整理、片づけが苦手という子はたくさんいます。第2章でも書きましたが、できるよういろいろな工夫や言葉がけをする必要はありますが、それでもできなければ私は手伝ってあげてほしいと思います。**手伝ってあげると子どもが自立できないのではと心配する親もいますが、これは自立とは何の関係もありません。**

たとえば、ある幼稚園の年長組の男の子で、朝の食事と着替えに時間がかかる子がいました。お母さんはずっと叱り続けていたそうですが、あるとき私の本を読んでくれて、模擬時計の工夫をしたそうです。前にも紹介しましたが、模擬時計というのは紙に描いた時計の絵で、その針は朝食を食べ終わる時刻を示しています。それを卓上アナログ時計の横に貼りつけて、男の子の食卓の目の前に二つセットで置きます。そして、「長い針がここにくるまでに食べ終わるんだよ」と教えます。アナログ時計の針が動き続け、残り時間が減っていくのが目の前でわかります。これによって、自分でペース配分するようになり、時間通りに食べ終われるようになりました。

これはこれでうまくいったのですが、次の着替えも遅くて、これについては模擬時計が役立ちませんでした。それで、お母さんは着替えのときに「剣の舞」というテンポの速い音楽をかけたのですが、逆効果で踊り出してしまって話になりません。

もう打つ手がなくて、着替えを手伝ったそうですが、どうしても叱ってしまうわけです。そうすると、男の子もむしゃくしゃして幼稚園バスの中で友達とケンカをはじめてしまいます。そこで、男の子をほめながら着替えるようにしたそうです。そして、明るく送り出します。すると、子どももルンルン気分で楽しそうにバスに乗り込むようになりました。

この子は、朝はこんな調子ですが、いったん幼稚園に行くと遊びの大将なのです。アイデアが斬新で、人が考えないような遊びを作り出し、園児を七〜八人引き連れて遊びまくっています。ですから、遊びではリーダーだし自立しているのです。自ら遊びを考え出し、仲間を引っ張って遊びまくる、これこそ自立です。

ただ、この子は朝の食事とか着替えなど、親がやらせたいことをテキパキやることが苦手なだけです。自立とは関係ありません。でも、親たちは自分たちが望むことを自動的にやってくれることを自立だと思っているので、こういう子は自立してないと言われるのです。

もう一人の実例があります。この人は三〇代の男性ビジネスマンで、朝起きるのが本当に苦手なのだそうです。私もそうなので、朝起きる工夫をいろいろと本に書いたことがあります。その人はそれを読んでくれて、真似したそうです。

例えば、私は目覚まし時計を五つ用意して、寝床から一メートルおきに置いておきます。目覚ましを止めるためには布団から這い出して五メートル歩くことになるので、否応なく目が覚めるわけです。あるいは、寝る前におしぼりを枕元に置いておいて起きたら顔をふくとか、ペットボトルに水（冬は保温水筒にお湯）を入れておいて起きたら飲むなどです。

その男性も真似をしたけれども、それでもなかなか起きられなかったというから相当手強いですね。最終的には息子と娘、最後は奥さんに起こしてもらうそうですから、幼稚園児も顔負けです。

ところが、職場では優秀なビジネスマンです。まずアイデアが斬新で、人が思いつかないような企画を生み出して、プレゼンテーションも上手です。上司を説得して新企画を進めたり、役所に乗り込んで許可を取ったりと、リーダーシップと行動力もあります。彼の働きで、会社も成長したというのですから、すごいですね。最近では自ら中国に単身赴任して、ビジネスを展開しています。
そして、彼の話によると、中国に行った次の日から一人で起きられたそうです。それはそうですよね。起こす人がいないのですから。そして、やりたいビジネスが目の間にあるのですから。自分で起きるに決まっています。このように、家にいるときは長年できなかったことでも、自分がやりたいことがあって、そのために必要となればすぐにできるようになるものです。

このような事例を聞くと、自立とはいったい何なのかと考えさせられます。みなさんが考える自立とは何ですか？　真剣に考えたことはありますか？　失礼ながら言わせていただければ、五分間も真剣に考えたことはないと思います。ただ世間で言われていることを鵜呑みにして、思考停止になっているからです。

みなさんが言う自立とは、朝自分で起きて、自分で顔を洗って、ご飯を食べたら歯を磨き、自分で着替えて、自分でカバンの支度をして学校へ行くことです。そして、帰ってきたら、自分でうがい・手洗いをして、自分で宿題をやって次の日の準備をすることです。こういうことを、親に言われなくても自分でできることを「自立」と呼んでいるのです。世間一般がそう思い込んでいるので、みなさんもそう思い込んでいるのです。

でも、**こういうものは本当の自立ではありません。それは親がやらせたいことを自動的にやっているだけです。「自動化」であって自立ではありません。**もちろん、できたほうがいいです。それは、否定しません。でも、いまできなくても実はそれほど困らないのです。なぜなら、先ほどのビジネスマンのように、そのときが来れば一瞬にしてできるようなことばかりだからです。本当に自分がやりたいことが見つかって、目的意識を持って生きるようになると、それに応じて必要なことはできるようになるのです。

親の役割は自己実現力を身に着けさせること

私は、子どもたちが本当の自立ができるようにしてあげてほしいと思います。では、本当の自立とは何でしょうか？　それは、**自分がやりたいことを、自分で見つけて、自分でやっていくことです。**言い換えると、**「自己実現力」**です。このために人間は生まれてきたのです。

こういう真に自立した生き方が身についている人は、常に自分でやりたいことを見つけてやりはじめます。仕事でも遊びでも、「これをやりたい」「あれをやりたい」と、夢や目標を見つけてがんばります。そして、それを実現するためには、苦手なこともできるようにする自己改造が必要になります。その夢を実現するためには、いつまでも朝寝をしているわけにはいきません。時間にルーズだと足を引っ張ります。片づけができないと損をするかもしれません。あいさつができないとチャンスを逃すかもしれません。夢や目標などができてスイッチが入れば、その必要に応じて、みなさんが自立と呼んでいる部分もスイッチが入るのです。

やりたいことを実現させたいというスイッチが入っていない段階では、生活習慣の自動化だけスイッチを入れるのは無理です。だからこそ、本当の自立ができるように子どもを育ててほしいのです。

いくら、「あれやれ、これやれ、その次はこれだ」と自動化の部分ばかり鍛えても、大人になってから、「あなたは何がやりたいの?」と聞かれて返事ができないようでは困ります。いわゆる「自立」、つまり自動化だけを優先したり、敷かれた線路の上を走ることを強要したりする子育ては、子どもの本当の自立を妨げます。本当の自立を身につけるのには時間がかかります。大人になって急にできるというものではありません。それこそ小さな頃から、本当の自立とは何かを考えて子育てしてほしいと思います。

では、本当の自立ができるようにするためには、つまり自己実現力をつけるためには、子どもの頃からどのように育てればいいのでしょうか？

それは、**子ども本人がやりたいことをやらせてあげる**ことです。そして、**それを応援してあげる**ことです。

ある小学生の女の子の実例を紹介します。その子は絵が大好きでいつも絵ばかり描いていました。お母さんはそれが気に入らなくて、「いつまで絵ばかり描いてるの？　そんなことより勉強しなきゃダメでしょ。もっと問題集をやりなさい」と叱っていたそうです。ところが、私が懇談会で「本当の自立とは自己実現力だ」という話をしたら、そのお母さんは深く納得してくれました。そして、「それなら絵を応援してあげよう」と考え直し、美術館に連れて行ったり、色鉛筆の色数を増やしてあげたりしました。

それで、その子はますます喜んで絵を描くようになりました。当然のことながらさらに絵がうまくなり、学校でも友達にほめられるようになりました。友達が「絵がうまいね」「絵の天才だね」「私にも描いて」と言うようになり、休み時間には絵を描いてもらうための行列ができるほどになりました。

もともとそれほど社交的ではなく、友達も少ない子でした。勉強も運動も得意というわけでもありませんでした。でも、絵のおかげで大ブレイクし、表情まで明るくなって、毎日、ルンルン気分で学校に来るようになりました。自信もついてきて、授業中も発表するようになりました。たった二〜三カ月で劇的に変わったのですから、子どもの潜在力というのは本当にすごいです。

このように**好きなことを伸ばしてあげると、その子の全体が上がります。全体が上がると、苦手な部分も目立たなくなります。場合によっては改善することもあります。**この女の子も、苦手だった友達づきあいも積極的になり、できなかった授業の発表もできるようになり、声も大きくなり、いろいろな面での好循環がはじまりました。

このようにいいことがいっぱい起こるのですが、何よりもいいのが、こういう生き方をしていると、常に自分がやりたいことを見つけてやっていくことの楽しさが味わえるということです。

実は、この女の子は、その後しばらくして今度は手芸にはまりました。家庭科ではじめてお裁縫をやってから、その楽しさに目覚めたのです。人形の服やポシェットなど、いろいろな小物を作って楽しむようになりました。そして、六年生のときには手芸クラブの部長になりました。そして、部員たちを引き連れて作品をバザーで売り、その収益をボランティア団体に寄付したのです。これはすべて彼女が発案して実行したのです。

この子の実例は私たちに大切なことを教えてくれます。親が子どものやりたいことを応援してあげれば、子どもは自信がついて全体が上がり、いい循環がはじまります。さらには、自分でやりたいことを見つけて自分でやっていく自己実現力がつくのです。こういう生き方を子どもの頃からさせてあげることで本当の自立ができるようになるのです。

ですから、苦手なことをいつまでも突く必要はないのです。できるように合理的な工夫をしてあげて、やる気の出る言葉もかけてあげて、それでも無理なら目をつむって、手伝ってあげればいいのです。あるいは親がやってあげてもだいじょうぶです。それよりも本当の自立を大切にしてください。そうすれば、後でいくらでもスイッチが入ります。

子どもの立場で考えれば、許せることはたくさんある

親はよく子どもの言葉を勘違いしています。子どもの言葉を文字通りに受け取って、頭にきて叱る親も多いですが、**逆上せずに子どもの言いたいこと、真意をくみ取ってほしい**と思います。

よくあるケースですが、子どもがきょうだいで落書きをして、お兄ちゃんに「落書きしただろう」と問い詰めると、お兄ちゃんが「俺だけじゃないよ、弟もやったよ」と言う。親はこういう言い訳にカチンときます。これは大人の逆鱗《げきりん》に触れる言葉です。なぜなら、自分がしたことを棚に上げ人のせいにしている、と親は感じるからです。あるいは、人のことを告げ口するとは責任逃れの卑怯な行為だと感じるからです。それで、ガツンと叱ってやろうと思うわけです。

「じゃあ、弟もやれば、お前もやるのか？　人のせいにするんじゃない。まずは謝れ」と言ってしまいます。しかし、そのときすぐキレるのではなく、子どもの立場に立って考えてみてください。その子は、弟のせいにしたいのではなく、平等に叱ってほしいと言いたいだけなのです。**叱られるのは仕方ないけれど、自分だけ叱られるのは納得できない**のです。「弟もやっているんだよ。平等に叱って」と言いたいのです。

大人にしてみても、何人か複数の人に責任があるときに自分だけとがめられたら、「私だけじゃありません」と言うでしょう。それと同じです。学校の先生もこういう言葉に逆上しやすい傾向があるように思います。「だって、○○ちゃんもやったよ」と言うと、「じゃあ、お前もやっていいのか！」となってしまうことが多いです。

ですから、子どもの言い分をよく聞いてあげて、もし弟もやったと言えば**「わかったよ。弟にもちゃんと聞くからね」**と言ってあげれば、安心して謝れるのです。

大人だって、子どもの頃は同じようなことをしてきたはずなのですが、大人になると忘れてしまうのです。ですから、もう一度、子どもの立場に立ってみて、言葉の真意や本当の気持ちを思いやって、わかってあげることが大切だと思います。

また、例えば、子どもは突然思いがけないことを言うこともあります。ある幼稚園の女の子の家に、大好きなおばあちゃんが遊びに来てくれました。その子はとても喜んだのですが、おばあちゃんが持ってきてくれたお菓子を食べ終わった途端に、「おばあちゃんはいつ帰るの?」と聞いたそうです。親はあわてて「おばあちゃんに失礼でしょ。謝りなさい」と言いましたが、実は親よりもおばあちゃんのほうが経験豊富なので孫の真意をわかっていました。

つまり、その子はおばあちゃんといてうれしいから、この楽しい時間はいつまで続くんだろう、いつまでお家にいてくれるんだろうと心配になって聞いたのです。

おばあちゃんは「今日はゆっくりできるから、夕ご飯も一緒に食べようね」と言うと、その子は大喜びしました。お母さんは子どもの言葉の表面的な意味だけで反応してしまいましたが、おばあちゃんはその裏側を読んだわけです。

子どもの頭の中ではいろいろな思いや考えが巡っていて、その途中をすっ飛ばして一番言いたいことだけ出てくることがあるので、大人は勘違いしてしまうのです。でも、せめて親ぐらいは子どもの立場に立って、我が子の真意を考える心の余裕がほしいですね。

「男の子脳」と「女の子脳」の違いを知っておこう

男の子と女の子の脳の違いを知れば許せることもたくさんあります。

小学校までは一般的に女の子より男の子のほうが手がかかります。だいたいにおいて男の子は落ち着きがなく、騒々しくて乱暴です。話を聞かないので、何度言っても効果がありません。ルールや約束を守れず、自分がやりたいことしかやりません。イヤなことは後回しで、物の管理ができず、片づけができません。机の中は常にぐちゃぐちゃで、家に持って帰るべきお便りも入れっぱなしです。

時間の観念がないのでマイペースですし、やるべきことへの切り替えもできません。いつまでもダラダラとマンガを読んだり、テレビを観たりして、宿題に取りかかりません。

段取りも悪く、忘れ物も多いです。精神的に幼稚で、人の気持ちがわからず、言葉で伝えるのが苦手です。それに比べて女の子はしっかりしています。自分のことは自分で処置できるし、友達の面倒も見ます。先生のお手伝いも女の子はよくやってくれます。

もちろん、個性差も大きいのですが、おおよその傾向としてはこういうことがあると思います。

脳科学によれば、脳には「男の子脳」と「女の子脳」があって、上記のような傾向は男の子脳の特質のようです。そして、当然ながら、男の子は男の子脳の度合いが高く、女の子は女の子脳の度合いが高いとのことです。ただし、個人差もかなりあるようで、女の子でも男の子脳の度合いが高い子もいますし、その逆もあります。

ところが、この**やっかいな男の子脳が、後で大きく能力を成長させるための要素を秘めているの**だそうです。落ち着きのなさは行動力に、騒々しく乱暴なのは活力に、やりたいことしかしないとか空気を読めないのは主体性や独創力に、時間の観念のなさは集中力につながります。つまり、**すべてはコインの裏表**なのです。

要するに、男の子脳は裏が先に出るので手がかかります。でも、その分だけ後が楽しみというわけです。ですから、男の子脳の子は年齢から五～六歳は割り引いて考えたほうがいいと思います。

これは、私の教師時代の実感からも言えることです。小学校では、ペア活動といって新入学の一年生を六年生が面倒を見ることがあるのですが、六年生男子と一年生女子がペアになるとほぼ同じレベルなのです。三学期ぐらいになると、面倒を見るべき六年生の男の子が一年生の女の子にリードされています。イベントで一緒に行動していても「お兄さん、カードにハンコを押すの忘れないでね」などと、教えていますからね。

逆に六年生女子と一年生男子では、まるで親子です。身体の大きさも全然違うし、精神年齢も大人と子どもくらいの差があります。このようなわけで、男の子脳の子は少なくとも五歳は割り引いて見てあげる必要があるのです。

親や先生はこうした現実をちゃんと理解していることが大切です。**その子がダメなのではなく、男の子脳のおかげで、手間のかかる部分が先に出ているだけなのです。**こういうことを知っていれば、長い目で見てあげることができます。繰り返しますが、女の子でも、「ちょっと手がかかるな」という子は男の子脳の度合いが高いので、割り引いて見てあげる必要があります。長い目で見てあげてください。

男の子脳は、精神的に幼稚なので、将来のことを考えて「やる気スイッチ」が入るのも遅いです。実際、私の小・中学校の同級生や教え子を見ても、小学校時代はさほどでもなかったけれど、その後で尻上がりにぐんぐん伸びたという男の子がたくさんいます。

私の同級生のツトム君は中二くらいから急に成績が伸びました。みなさんの同級生にもそういう友達がいるのではないでしょうか。あるいは、あなた自身がそうだったかもしれません。

中学二年生頃に、男の子が女の子に追いついて伸びはじめることがあります。高校二年生頃に伸びる子もいます。あるいは大学に入ってから、または社会に出てから、さらには三〇代になってから伸びる場合もあります。

親や先生がそういうことを理解していないと、男の子脳の子をずっと叱り続けることになります。特に気をつけるべきなのは、男の子と女の子のきょうだいです。厳密に言えば、男の子脳と女の子脳のきょうだいですね。

例えば、上が男の子脳で下が女の子脳という組み合わせは要注意です。たいていの場合、兄と妹ということになりますが、妹は女の子脳であるだけで有利ですし、おまけに兄が叱られるのを見て学んでいるのでさらに有利です。ですから、兄はずっと叱られ続け、妹はほめられ続けることになります。

この逆に上が女の子脳で下が男の子脳という組み合わせも要注意です。たいていの場合、姉と弟ということになりますが、この場合弟が叱られ続けることになります。最初の姉は自分のことがきちんとできるし、それほど手がかかりません。それで、親としては、「子どもとはこういうものだ」というイメージもできるし、子育てにちょっとした自信も持てるようになります。ところが、次に登場した男の子は言うことは聞かないし、手はかかるしで、大変です。そこで、どうしても姉と比べて叱ることが増えます。

これら二つのパターンのいずれにおいても、女の子脳の子がほめられ続け、男の子脳の子が叱られ続けることになります。これによって親子関係がまずくなるのはもちろんですが、きょうだいの仲がまずくなることもよくあることなのです。

脳科学者である諏訪東京理科大教授の篠原菊紀先生がお書きになった『男の子の脳を伸ばすのはどんな親？』（宝島社）で、とても子育てに参考になる文章があります。私なりに要約してご紹介しましょう。

①男の子と女の子の脳の差について知っておくと、困り事が起きたときに「脳の差」のせいにすることができる。

②「ちょっとこの子とは、うまくいっていないな」「扱いづらいな」と感じたとき、その原

因を「男の子の脳」のせいにするといい。
③そうすると、子どもとの関係を客観視しやすくなる。問題を「」でくるんでおくと、冷静に見ることができ、次の工夫も生まれやすくなる。
④問題を外在化すると、人格と問題を切り離せ、展望が開けることが多々ある。
⑤男の子でも「男の子脳度」が低い子がたくさんいる。女の子でも「男の子脳度」が高い子もたくさんいる。そもそも個人差があり、それでもざっくりまとめると男女差が見えてくる。

親がこの五ポイントを頭に入れておけば、いちいちイライラしなくてもすむはずです。上記の②については、男の子脳だけでなく、同様に女の子脳のせいにすることもできます。さらに、どんな子でもその子の脳の問題と外在化すれば、許せるようになるのではないでしょうか。

小学校の行動評価は「女の子脳」に有利にできている

教育現場でもこうした科学的な事実を受け入れて、先生方に対応してもらいたいのですが、残念ながらほとんどできていないのが現状のようです。

その一番の証拠が成績表の「行動のあらわれ」です。「行動のあらわれ」は以下のような項目で児童を評価するものです。

・話をしっかり聞くことができる
・基本的な生活習慣が身についている
・身のまわりの整理整頓ができる
・掃除、係や当番の仕事をしっかり行う
・決まりを守って行動できる
・自分の行動に責任を持つことができる
・友達と協力して行動できる
・みんなで使う物を大切にする

これらは、圧倒的に女の子脳に有利なものばかりです。私の経験でも、「行動のあらわれ」については女の子のほうがいつもよい成績でした。他の先生方も必ず、そうなっていました。

そして、これらはすべて先生や親たちに都合のいいことばかりなのです。

しかし、そのことを疑問に感じる先生はほとんどいません。このような偏った評価項目でいいのかと考えないまま、成績をつけています。

また、成績にこうした項目が並ぶ以上、先生たちは子どもに女の子脳的な振る舞いを期待し、男の子脳の子たちを叱り続けているわけです。これでは、せっかく後で伸びるものが、自己肯定感を持てなくなり、伸びる芽を摘むことになります。

人が長い人生を生きていく上では、先生や親たちに都合のいい要素だけが大切なわけではありません。たとえば以下のようなことも非常に大切なのです。「行動のあらわれ」の中にこういった項目も入れてほしいものです。

・自分のやりたいことを自分で見つけて熱中できる
・自分の才能に磨きをかけて、際立ったものにしていくことができる
・人が考えつかないことを考えつき、人と違ったことができる
・少々のことには動じない図太さがある
・いつまでもクヨクヨしないで気持ちを切り替えられる
・明るく元気で活動的である
・ユーモアがあってみんなを楽しませてくれる

・本番で大いに力を発揮することができる
・まわりに左右されず、自分のペースで進むことができる
・（先生や親なども含めて）権力者の理不尽な言動にはノーと言える。あるいは無視できる

こうしたことは生きていく上には重要ですが、先生にとっては迷惑なものもあります。そして、迷惑な項目のほとんどが男の子脳の得意な分野なのです。先生も親もそのことを理解してほしいと思います。

もし、「行動のあらわれ」の評価で子どもががっかりしているようなら、親がオリジナルの成績表を作ってあげましょう。我が子のいいところを高く評価できるような項目を入れて作るのです。その子が自信を持てるように、すべての項目が「A」（よくできます）になるように作るのです。

・自分のやりたいことに熱中できる
・人と違った考えや行動ができる
・家族を笑わせてくれる
・イヤなことがあっても寝れば忘れられる
・「妖怪ウォッチ」のキャラクターに詳しい

・食べるときの表情がおいしそうでかわいい

一般的には大人がほめないようなことにも、光が当たるようなすてきな項目を考えてあげてください。親にしか作れない「行動のあらわれ」ができるはずです。

ほんの少し見方を変えるだけで短所も長所になる

ある一つの物事についても、見る人によって見方はまったく違います。これは物事を見るときの枠組み（フレーム）が違うからです。子どもの短所しか目につかずほめることができないという人は、**自分のフレームを一度はずして新しい枠組みで見てみること**、つまり**リフレーミング**が必要です。

例えば、授業参観のときに「うちの子はろくに発表もできないなんて、消極的で困るわ」と思ったとき、リフレーミングして「でも、これは慎重な性格なのかもしれない」と考えるのです。

「移り気で飽きっぽい子だな」と思ったら、「でも、これは好奇心が旺盛なのかも」と思ってみましょう。「騒々しくて落ち着きがない」ではなく、「明るくて元気があるんだ」と思えればいいですね。「この子はマイペースで、空気が読めない」と思うなら、「人に左右されない主体性があるんだ」と考えればいいのです。

常にリフレーミングを意識していると、森羅万象を見たときに複合的な見方ができるようになります。実際、短所と長所は紙一重であり、コインの裏表なのです。

そもそも、子どものある特質が短所に見えるか、長所に見えるかは、親の都合によるのです。しかし、先ほど教師にとって都合のいい振る舞いがその子の人生に役立つとは限らないと述べたように、親にとっての長所がその子にとってずっと長所であるとは限らないのです。

例えば、宿題などやるべきことを後回しにしないで、まじめにきちんとやってくれる子は親にとって都合がいいですが、そのままで大人になったときに、職場で上司に言われたことを忠実にやり過ぎて不必要に自分を追い込んでしまうかもしれません。

逆に、宿題をしないで平気で遊べるという特質は、親にとって都合が悪く短所に見えます。でも、そうした図太さがあれば、大人になって仕事のプレッシャーを受けたときも平気で乗り越えていけるでしょう。

マイペースも親にとっては短所でしょうが、人に左右されず自分のペースで生きていけるということでもあります。

授業中に軽々しく手を挙げたり、いい加減な発表をしたりしない子は、大人になってからも軽挙妄動《けいきょもうどう》に走らず、安定感のある生活を送れることでしょう。

落ち着きがない子は、エネルギーにあふれて活動的で、大人になってからも仕事や遊びでアクティブに活躍するはずです。

このように、**子どもの短所と思えることを、リフレーミングしてみてください。そうすれば、もっと子どもを肯定的に見られるようになり、叱り続けることもなくなります。**

我が子が「マイペースで、だらしがなくて、おまけに弱虫で妹にも負ける」と思っているのなら、「ゆったりしたペースで着実に進み、おおらかな性格で、穏やかさと優しさを持っている」とリフレーミングしましょう。こういう子は、大人になってもよい仕事人・家庭人になれるでしょう。

インターネット上には「リフレーミング辞典」もありますので、参考にされてはどうでしょうか。辞典は言葉が五〇音順に並んでいて、例えば「飽きっぽい」は「素直、従順」「環境に馴染みやすい」「好奇心旺盛な」といくつかリフレーミング事例が出ています。「甘えん坊な」は、「人なつこい」「人にかわいがられる」「むじゃき」になります。面白い事例では、「怒りっぽい」が「感受性豊かな」「情熱的な」「正義感が強い」などと言い換えてあります。

とにかく他人の短所ばかり目についてしまい、ほめるのが苦手という人はいますが、こうしたリフレーミングでプラス思考の加点主義を心がけましょう。

ところで、ここまでお読みになって、「自分はマイナス思考だな」と思った方もいるかもしれません。「だから、自分はダメなんだ」と思う前に、これもリフレーミングしてみてください。つまり、マイナス思考だからこそ、まじめで慎重で、コツコツ努力できるのです。先々を考えて事前に準備したり、段取りを整えたりするのが上手なのです。マイナス思考であることの良さを見つけることが、プラス思考への第一歩です。

親のストレス解消が子どもにとっても重要な理由

イライラして、つい子どもを叱ってしまうということも多いでしょう。子どもからすれば、八つ当たりですから、何の理由もなく叱られることになります。そんなことが続けば、親への不信感も募るでしょう。

ですから、親のストレス解消は子育てや幸せな生活のためにはとても重要です。仕事のストレス、人間関係のストレス、夫婦のストレス、親子関係のストレスなど親はいろいろなストレスを抱えています。それをうまく解消しないと、そのはけ口が一番弱いところに行きます。つまり、我が子ですね。

明らかに原因はストレスなのですが、そのとき親は言い訳をこじつけます。この子のためだ、教育のためだ、しつけのためだと〝錦の御旗〟を掲げて、自分を正当化するわけです。

いま、働きながら子育てをするワーキングママも多いですが、過重な仕事によってストレスをため込むと自分のためにも子どものためにもなりませんので、気をつけてほしいと思います。

また、専業主婦がストレスがたまらないというわけでもありません。毎日、子どもといて、それが過重になってもストレスがたまります。ワーキングママにしても専業主婦にしても、いずれもバランスを取ってほしいと思います。

私の経験で理想を言えば、毎日、四～五時間ほど働いているお母さんたちが一番バランスがいいように見えました。とはいえ、仕事に対する考え方、人生設計、諸般の事情などは人それぞれですから、最適なやり方を自分でよく考えて決めてほしいと思います。

あとは、自分自身のストレス解消方法をいろいろと用意しておくことも大切です。趣味や友達とおしゃべりをしたり、お茶を飲んだり、身体を動かしたりとか、自分なりの楽しみを持つといいですね。

もし、うまく解消できずに、イライラしてきたと気づいたら、子どもから離れることが大事です。子どもから離れてお茶を一杯飲むとか、外を散歩するとか、違う部屋に行くのもいいでしょう。逆に子どもを待避させる手もあります。**「お母さんは、いまイライラしてきたから、あんたここにいないほうがいいよ」**とか**「ちょっと別の部屋に行ってなさい」**とか、避難警報を出すのです。

この方法を実践しているあるお母さんによると、イライラしてきたとき**「お母さん、イライラしているから、あなたはここにいないほうがいいわよ。どこかへ行ってきなさい」**と言うと、子どもは慣れたもので、マンガを持って別の部屋にすたこらさっさと逃げていくそうです。

しばらくすると、「もういい？」と聞きに来るので、「まだだよ」とか「もういいよ」と答えると言っていました。そのお母さんが「こんなことをしていていいのでしょうか？」

と不安げに聞くので、私は「いいんですよ、立派なことですよ」と言いました。気づかないまま、子どもにイライラをぶつけてしまうより、よほど立派な振る舞いです。

その場を離れることもできない、避難もさせられないときは、もう口に出して言ってしまうことです。**「お母さん、イライラしているけど、ごめん、あなたのせいじゃないから」**とか**「仕事のせいか、人間関係かわからないけど、お母さん、ストレス一杯でムカムカしてるの」**と言ってしまうのです。

そうすると、子どもは「これはやばいぞ」と思って自主避難したり、あるいは部屋の片づけをはじめたりします。しつけと称して子どもにイライラをぶつけるよりはるかにましです。

たまには子どもを保育園やおばあちゃんに預けて、映画やショッピングなど息抜きするのもいいでしょう。いつも子どもとべったりいるのではなくて、上手に適度に離れることが大事です。

どんなに愛し合っている恋人同士でも、適度に離れているほうがいいのです。本当にあった話かどうか知りませんが、こういう話があります。昔、ある国の王様がある女性を好きになりました。ところが、その女性には恋人がいて王様の求愛を断ってしまいました。

怒った王様は、その女性と恋人を手錠か何かでつないで、二四時間離れないようにしたそうです。最初は恋人同士で喜んでいたけれど、すぐに地獄だと気がつきました。食事もトイレも寝るときも一緒ですから。

三日も経たないうちに、恋人たちは王様に「もう一生会いませんから、手錠を外してください」とお願いしたというのです。熱愛中の恋人同士でも適度に離れるから、また新鮮な気持ちで会えるわけです。

親子も同じです。適度に離れるからお互いにハッピーになれます。くっつき過ぎているとお互い苦しくなります。

とは言っても、もちろん離れ過ぎによるふれあい不足とコミュニケーション不足もいけません。大切なのはバランスです。

離れられずにイライラが頂点に達したら、〝犬語〟で怒り合うという親子もいますよ。「ワンワンワンワン」「ウーウーワン」というようにです。意味不明だからお互いに傷つくことなくイライラを発散できます。

私も教師時代に子どもたちにストレスがたまってくると、犬語などの動物語で怒り合うというのをやっていました。梅雨時などは外で遊べないからストレスが満載になり、放っておくとケガをしたりけんかをしたりします。そこで、「いまから隣の人と向かい合って、犬語で怒り合いましょう」とやっていました。もちろん、相手に絶対触らないで口だけでやるのです。しばらくやっているとすっきりした顔になります。

子どもの「ありのままの姿」を認めてあげよう

私は現役教師時代に、「子どもって本当に素晴らしい。美しい」と心から感激したことがありました。

三連休明けの月曜日のことです。私は、教壇に立って子どもたちが登校するのを迎えていました。三連休明けですから、当然ブルーな気分です。仕事もたまっていますし、今週は忙しいなと憂うつな気分になっていました。

そうしたら、ある女の子がスキップしながら教室に入ってきたのです。まさに、ランランランという感じでした。そして、私に話しかけてきたのですが、そのときはもうスキップができないから両足ジャンプになっていました。ピョンピョン跳ねながら、「ねえ、先生」と言うわけです。

どうしたのと聞くと、「昨日、私、ママとスーパーへ行ってきたー」とうれしそうに言いました。ただのスーパーなのですが、そこで買い物したことがものすごく楽しかったらしく、いろいろと報告してくれました。そして、「また来週も行くんだー」と言って、またスキップして立ち去っていきました。

私は子鹿がジャンプするようなその姿を見送りながら、子どもってすごいなと思いました。そして、次の瞬間、「ああ、なんて美しいんだろう」と思ったのです。朝日を浴びて、本当にキラキラ輝いていました。その姿が本当に美しい。**私が失ったものを全部持っているのだ**と思いました。教師になって、はじめてそう思いました。

大人たちは、過去の重荷を引きずったり、あるいは先々のいろいろな心配事を抱えたりしてブルーな気持ちでいっぱいです。でも、子どもは過去の重荷もなく、将来への心配もなく、「いま・ここ」に全力で生きています。過去も未来も関係ありません。**「いま・ここ」に自分のすべてを丸ごと注ぎ込んで、満開の花のように全力で生きています。だから、美しいのです。**

親は本来、我が子のその美しさを味わう喜びが持てるはずなのです。ところが、将来のことを考えすぎて、我が子のいまを味わえません。いまが一番美しくかわいいときなのに、もったいないことに味わうことができないのです。何年も経ってからいまの写真を見て、「あのときはかわいかったな」と思うのでしょうが、肝心のいまは心が留守になっています。

それは、親の心が勝手に旅に出ているからなのです。この子をこうしたい、こういう子になってほしい、こういう子にしなければ…。やるべきことをきちんとやり、勉強もがんばり、あいさつができ、片づけもでき、弟や妹に優しい、そういう子にしなければならない…。このような**理想像を勝手に描いて、目の前のありのままの姿を味わえない**のです。親の願いと言いますが、実は親の欲です。悲しいかなそれは親の業であり、親子を苦しめる諸悪の根源なのです。

一日一回でもいいから親の願いという欲をちょっと脇にのけて、ありのままの我が子のかわいらしさと素晴らしさを味わってほしいと思います。

子どもは親から見るといつもサボっているように見えるかもしれませんが、決してサボっているわけではありません。あれでも一生懸命生きているのです。まだ生まれてからそれほど経っていませんし、持って生まれたものもありますし、自己改造へのモチベーションなどもありませんから、しょうがないのです。その**ありのままの姿をありのままに受け入れて許し、味わってほしいと思います。**

子どもはあっという間に大きくなってしまいます。本当に子どもらしい期間というのは意外と短くて、個人差もありますが、だいたい一〇歳くらいまで、つまり小学校四年生くらいまででしょう。女の子はその年齢の頃から、男の子は二年後くらいから思春期前期に入り、親との関係より友達との関係が重要になり、親の相手をしてくれなくなります。さらに反抗期もやってきます。ですから、それまでに親子のふれあいをたっぷり楽しんで、よい親子関係を作っておいてほしいと思います。

そして、**親自身であるあなたも一生懸命生きているのですから、子どもを許すだけでなく、自分自身も許してあげましょう。**ここまで、こんなことを言ってはいけないとか、やってはいけないということをいろいろと書いてきましたから、みなさんの中には自分をとがめている人もいるかもしれません。でも、あまり自分をとがめすぎないでください。「あぁ、なんて自分はダメな親なんだろう」などと思う必要はありません。

なぜかと言えば、あまりに自分をとがめると、そのストレスがまた子どもに向かってしまうからです。あなたも子どものことを思いながら、親としても社会人としても一生懸命やってきたのです。ですから、自分をとがめないでください。それどころか、**いままでがんばってきた自分をほめてあげてください。**

ただ、ちょっと認識が間違っていたとか、勘違いしていたという部分はあるかもしれません。でも、それも仕方がないのです。世の中のほとんどの人がそうなのですから。これからそれを改めればいいのです。いまからで充分間に合います。はじめるに遅すぎるということはないのです。

そして、自分を許したら、ついでにダンナさんも奥さんも許してあげましょう。夫婦というのはお互いをとがめることが多いものです。お互いに「なんで、この人はいつもこうなんだろう、信じられない」と思っています。でも、人にはそれぞれ持って生まれたものがあり、育ってきた環境や歴史、生きてきた文脈みたいなものがありますから、お互い仕方がないのです。ですから、お互いにとがめたりしないで許してあげましょう。

お互いに許した上で、何ができるか考えて、これからやれることをやっていけばいいのです。

変わらないように見えても、子どもは日々成長している

職場などでは相手を気遣って、すぐに怒鳴りつけたり、叱ったりはしないでしょう。と

ころが、身近で大切な人ほど、その思いやりを忘れがちです。職場で誰かがコーヒーカップなどを落として割ってしまったとき、「だいじょうぶ？　ケガはない？」と聞きながら、かけらを拾ってあげるでしょう。しかし、我が子に対しては、「何やってんの！　気をつけなきゃダメでしょ」といきなり叱ってしまいます。

同僚が愚痴をこぼせば、「仕事が大変だからね、イヤになるよな」と共感するでしょう。ところが、子どもが宿題の愚痴を言えば、「何を言ってるの！　ごちゃごちゃ言ってないでさっさとやらなきゃダメでしょ」となります。

なぜこうなるかと言えば、子どものため、教育のため、しつけのため、親だから許されると勘違いしているからです。この勘違いが親子関係を崩壊させるのです。

職場の人間関係より、親子・夫婦・家族の人間関係のほうが大切なはずです。私達は本当に大事にするべき人間関係をないがしろにしています。

そして、**人間関係をよくするには、お互いが人間同士としてリスペクトする気持ちが大切**なのです。

さて、そろそろ本書も終わりに近づきました。

多くの親は、「子どもの成長が感じられない」「何度言っても決められたことができない」と悩みます。

確かに親としてはもどかしいでしょう。子どもはなかなか成長する姿を見せてくれないものです。このまま成長せず、まともな大人になれないのではないかと不安を感じるかもしれません。

しかし、子どもには「自然成長」があります。そのときはいくら言ってもできなかったことが、何年か経つといつの間にかできるようになっていたというのはよくあることです。「いつできるようになったかよく覚えていないけれど、気づいたらいつの間にかできていた。あんなにうるさく言わなくてもよかったのに」という親の話はたくさん聞きました。低学年ではあいさつどころか、返事さえできなかった子が、五年生になったら児童会の役員に立候補したという例もあります。

また、子どもを育てているのは親だけではありません。子どもには、子ども同士の中で刺激を受けたり、先生など親以外の大人によって育つ部分もたくさんあることを認識しましょう。

子どもは昆虫のさなぎと同じで、内部では大きく変化をしているのですが、その変化は

目に見えません。そして、ある日、突然さなぎから成虫に羽化します。昆虫にはさなぎの状態が一回しかありませんが、人間には無数にその状態があるのです。能力や性格、人間性において、いろいろな面で停滞と成長を繰り返すのが人間です。

変化が見えないからといってあせる必要はありません。いまいるところでじっくりと地面を踏み固めながら、次にグンと伸びるための準備をしているのです。ですから、じっくりと待てる親になってください。**待てる能力を養うことも親にとって大切なことです。**

できないことがあるからと言って否定的に叱りつけたり、口うるさく小言を言ったりするのは子どもの成長をじゃましているようなものです。

もちろん、自然成長があるからと放っておけばいいわけではありません。親にできることはやってあげてください。叱らず、とがめず、親としてできる言葉や方法の工夫をしましょう。それでもできなければ、目をつぶって、明るく楽しく助けてあげましょう。その分、本人の好きなことを伸ばして、本当の自立を手伝ってあげましょう。

著者紹介

親野智可等（おやの　ちから）
1958年静岡県生まれ。23年間の教師経験をもとに教育評論家としてテレビ、ラジオ、新聞、雑誌等で活躍する他、全国の講演会でも大人気。人気マンガ「ドラゴン桜」の指南役としても知られる。
無料メルマガ「親力で決まる子供の将来」は、具体的なアイデアが多いとたちまち評判を呼び、親や教師の圧倒的支持を得て約５万人の読者を獲得、メルマガ大賞教育・研究部門で５年連続1位に輝く。
著書に『「親力」で決まる！』（宝島社）、『「ドラゴン桜」わが子の「東大合格力」を引き出す７つの親力』（講談社）、『叱らない」しつけ』『「ダメ！」を言わなければ子どもは伸びる！』（PHP研究所）など多数。

もう叱《しか》らなくていい！
１回《かい》で子《こ》どもが変《か》わる魔法《まほう》の言葉《ことば》

2014年11月１日　第１刷

著　　者　親《おや》野《の》智《ち》可《か》等《ら》
発 行 者　小澤源太郎

責任編集　株式会社 プライム涌光
電話　編集部　03(3203)2850

発 行 所　株式会社 青春出版社
東京都新宿区若松町12番１号 〒162-0056
振替番号　00190-7-98602
電話　営業部　03(3207)1916

印　刷　中央精版印刷　　製　本　大口製本

万一、落丁、乱丁がありました節は、お取りかえします。
ISBN978-4-413-03931-4 C0037